誰もここまで教えてくれない

一生使える

「敬語&ビジネスマナー」

三上ナナエ
元CA・人材教育講師

大和出版

はじめに

臨機応変な対応は、「基本」があってこそ

○お客様をご案内する際、「何か気のきいたことを言わなきゃ」と考えるあまり、お客様より先にエレベーターを降りてしまった

○上司に報告する場面で、時系列で事細かに説明したところ、「まず結論は何?」と注意を受けた

○取引先の方との打ち合わせで、相槌を声に出してオーバーにしたところ、かえって話しづらくさせてしまった

社会人として働く中で、うまくいかないなと思うことはありませんか?

「失礼のないように」「気をきかせよう」と思って取った行動が、裏目に出てしまうことは、あなたにもあるかと思います。

では、どうすれば、相手にとって気持ちのよい行動ができるのでしょうか?

初めまして、三上ナナエと申します。

私は、ANAでCAの経験を積んだのち、現在はさまざまな業種、職種のビジネスパーソンに向けて、現場で活かせるマナーや敬語、コミュニケーションを伝える研修講師をしております。かれこれ15年以上、新入社員から管理職まで、幅広い役職の方の悩みに触れてきました。

実を言うと私も、これまでビジネスマナーでたくさんの失敗をしてきました。

冒頭に挙げた例も、恥ずかしながら私自身の実体験です。

新入社員の頃は、「ちゃんとしなきゃ」「よく見せなきゃ」という思いが先行しすぎて、お客様や同僚、先輩を不安にさせてしまうことが多くありました。

「なんで上手にできないんだろう……」と悩みながら、なかなかうまくいかない日々が続く中、すっかり自信をなくした私に気づいた先輩が、こんなことを教えてくれました。

「まずはしっかり基本を身につけるのが先！　基本が全ての土台だよ」

その言葉をもらってはじめて、自分が「基本以上のことをしようとしていた」ことに気づきました。

基本もままならない新人が、よく見せようと応用ばかりをしていたため、いろいろなことが空回りしていたのです。

それから私は、基本のビジネスマナーを徹底的に勉強しました。

そばで活躍する先輩や同僚をとことん観察し、わからないことは勇気を持って質問して、だんだんと基本のマナーを身につけることができました。

基本がしっかりしていると、お客様が安心して頼ってくれたり、先輩から責任のある仕事を任されたり、いろいろなよい変化が起こりました。

仕事の実務に関することはもちろん、それ以上に実感したのは、自分自身が目の前のことを楽しめるようになったことです。

常に不安で緊張していた頃からは一変、普段から笑顔でいられるようになり、人間関係もスムーズに進むようになりました。

思い返しても恥ずかしくなるような多くの失敗をしてきた私が、今ではマナーの講師として、みなさんの前に立っています。マナーは、決して難しいものではありません。1つひとつは、とても単純でシンプルなものばかり。

こんな私でも身につけることができたのですから、あなたも大丈夫です。

ここで、マナーの基本を覚えるにあたって、大切なポイントを1つお伝えします。

マナーとは、ひと言でいうと「相手への思いを形にしたもの」です。

例えば、清潔感のある身だしなみは、「相手を不快にさせたくない」「違和感を抱かせたくない」という思いを表現したもの。

来客者に対して、頭を下げて笑顔でお迎えするのは、「ご足労いただいたことへの感謝の気持ち」を伝えるため。

相手の要望に応えられないときは、クッション言葉を添えることで、「お応えできず残念である」という気持ちを伝えます。

このように、「相手への思い」を乗せて表現することで、どんな所作も、どんな行動も、素敵なマナーとして相手へ伝わるはずです。

ビジネスマナーを学ぶべきは、新人だけではありません。

基本があるからこそ、場面に応じた対応ができるようになります。

例えば、名刺交換のマナーには、「立った状態でお渡しする」という基本があります。

ただ、相手が普段名刺交換をする機会がない方だったら、あなたはどうしますか？

ある大手の学習塾では、座ってお待ちになっている保護者の方に対して、塾講師もすぐに着席し、「私、講師の○○と申します。こちらに名刺を失礼いたします」と言いながら、そっと相手に向けて机の端に名刺を置くそうです。

これは、保護者の方を立たせたり、戸惑わせてしまわないようにという配慮です。

さらに、基本を押さえているからこそ、「こちらに名刺を失礼します」という言葉、つまり「基本から逸れているけれど状況を考え、あえてそれをします」ということを伝えられるのです。

このように、ビジネスマナーの根本は、「相手を考えての行動」にあります。

ただ、順序通りに「型」を実践することが目的ではありません。

これを心にとめて行動していくことで、だんだんとビジネスマナーが「自分のもの」として磨かれていきます。

あなたの能力や魅力をより引き立て、周りからも一目置かれる、そんな大きな武器になるはずです。間違いなくあなたの人生においても、プラスに働く、素晴らしいスキルの1つになるでしょう。

本書では、新入社員から中堅まで、どんな方にもわかりやすいように、さまざまな場面を想定してご紹介しています。

序　章　ビジネスマナーの目的は、相手を不安にさせないこと
第1章　相手を尊重する気持ちが伝わる「挨拶・敬語」
第2章　第一印象で損をしない「身だしなみ・ふるまい」
第3章　誤解やすれ違いを防ぐ「コミュニケーション・報連相」
第4章　効率化を後押しする「リモートワークの基本」
第5章　社内外で失礼にならない「メール・文書作成」

第6章　信頼関係を築いていく「訪問・来客応対」
第7章　人前で恥をかかない「会食・冠婚葬祭のマナー」

研修の受講生やビジネスの第一線で活躍する方たちのエピソードもふんだんに盛り込んでいますので、実践で使えることがたくさんあると思います。

まさに生きたマナーとして、お役に立てるでしょう。

本書が、あなたのビジネスシーンでの価値、ひいてはあなた自身の価値をより高める一助になりますように。

そして、読後には、これからの自分に期待を持って、楽しみながら仕事に臨めることを心から願っています。

三上ナナエ

序章

ビジネスマナーの目的は、相手を不安にさせないこと

第1章

相手を尊重する気持ちが伝わる「挨拶・敬語」

第2章

第一印象で損をしない

「身だしなみ・ふるまい」

第3章

誤解やすれ違いを防ぐ

「コミュニケーション・報連相」

第4章

「リモートワークの基本」

効率化を後押しする

第5章

社内外で失礼にならない「メール・文書作成」

第6章

「訪問・来客応対」

信頼関係を築いていく

第7章

人前で恥をかかない

「会食・冠婚葬祭のマナー」

本文デザイン　三森健太（JUNGLE）
本文イラスト　SHIMA
DTP・図版　白石知美／安田浩也（システムタンク）

序　章

ビジネスマナーの目的は、
相手を不安にさせないこと

1

「ビジネスマナー」はどうして必要？

「なんかうまくいかない……」その原因は

さっそくですが、「ビジネスマナー」と聞いてどんなイメージが浮かびますか？

「社会人としての基本」「必要な礼儀作法」、一方で「難しい」「堅苦しい」「ちょっと古い」といった、マイナスなイメージを持つ方もいるかもしれません。

しかし、仕事において大事なものだということは、みなさんも理解していると思います。

私が行っている研修でも、ビジネスマナーをお伝えする機会が多くあります。

そこで「自分のビジネスマナーのレベルはどのくらいだと思いますか？」と質問し

てみると、「ある程度はできている」「今のところ困ることはない」「ちょっと不安」という返答がほとんどで、「完璧です！」と自信を持って答える方はそういません。

そこそこできているけれど、不安に感じる部分もある、というところでしょうか。

私の目から見ても、みなさん、ある一定のマナーは持っている印象です。

ですが、ビジネスという括りで見ると、「あと少しここができたら、勘違いされずに、もっとスムーズに仕事を進められるのに」と感じることがあります。

あと一歩、あとひと言ができるだけで、今よりもよい評価に変わる可能性があるのに、とてももったいないと思います。

なんとなく仕事がうまくいかない、先輩に勘違いされやすい、上司に頼ってもらえない、お客様との関係がスムーズに進まない……、こんな悩みがあるとしたら、もしかしたらその原因は、ビジネスマナーにあるのかもしれません。

関わる人は、年齢も役職もさまざま

ビジネスマナーは、いわゆるビジネスの作法です。

「具体的に、こういう場面ではこうしましょう」といった型がたくさんあります。

しかし、型を身につける以前に大切なのは、「何のためにビジネスマナーがあるのか？」というマナーの目的を理解することです。

ビジネスは、当然ながら一人ではできません。

関わる人は、上司、先輩、同僚、後輩、お客様、同業者、取引先の方々、協力会社の方々など、年齢も役職もさまざまです。そういった関わる人たちがいてはじめて、ビジネスが成り立ち、自分もこうして働くことができるのです。

当たり前ですが、つい忘れてしまうこの事実に感謝をし、敬意をはらうこと。

そんな感謝（ありがとう）と敬意（大切に思っています）を表現することが、ビジネスマナーの目的です。

これらのことを、心の片隅に置いておくだけで、ビジネスマナーがより相手の心に伝わるものになります。

マナーがあるだけで、周りから信頼される

では、仕事をするうえで、ビジネスマナーがきちんとしていると、どういった印象を周囲に与えるのでしょうか？

信頼できる、誠実に見える、配慮がある、想像力がある、勉強している、細部にこだわれる、手を抜かない、空気が読める、臨機応変に対応できる、立場をわきまえることができる、客観的に自分を見る力がある、誰かに紹介しても安心……

ビジネスマナーは、言語・非言語、両方を駆使したコミュニケーションスキル。このスキルが高い人は、周囲に安心感を与え、人から信頼を得やすいのです。

私は昔、尊敬する先輩から「いくら仕事が早く、正確にできても、感じが悪いと思われれば、評価はゼロになる可能性もあるから」と、よく言われていました。

つまり、各能力はかけ算であって、足し算ではない。どこかが「ゼロ」だと、結果「ゼロ」。

この言葉は、今でも忘れられません。

例えば、仕事ができたとしても、「ビジネスマナーがない」「感じが悪い」とゼロ評価されてしまうと、周りの協力を得られず、情報も入りづらくなるでしょう。すると、いずれ社内から孤立する恐れがあります。

一方で、ビジネスマナーをしっかり身につけ、気持ちのよいコミュニケーションができる人には、「感じがいい」「もっと関わりたい」というプラスの評価が加わり、周りは喜んで仕事を手伝ってくれたり、いろいろな情報を教えてくれたりします。

ですから、これからビジネスで活躍していくには、ビジネスマナーというコミュニケーションスキルを身につけ、それを使いこなすことが重要なのです。

POINT

ビジネスマナーは1つのスキル。
持っているだけで「信頼される人」になる

2 マナーとは、相手への思いを形にしたもの

言葉や行動に表してはじめて伝わる

「マナーとは○○である」

こう言われたとき、みなさんなら、○○の部分にどんな言葉を入れますか？

私だったら、「マナーとは〝相手への思いを形にしたもの〟である」と表現します。

ここでいう「思い」とは、例えば、

- 不安にさせたくない
- 心地よく過ごしてほしい
- 信頼できる相手だと思って安心してほしい

○ 恥をかいたと思わせたくない

といったようなものです。思いは胸に抱いているだけでは伝わりません。言葉や行動で表現するなど、形にしてはじめて相手に届きます。

だから、マナーとは、相手への気持ちを形にしたものなのです。

また、マナーは状況に応じて相手に合わせることも、相手の出方によってはそれを崩すこともできます。

そうやって変化が許容されるのも、1つの性質です。

「マナー」は「ルール」とは違う

マナーと似た意図で使われる言葉に、「ルール」があります。

ルールは、集団が安全に効率よく機能するために必要なことです。

秩序を保つためにルールは必ず守ります。交通ルールに例えると、時速60キロと決まっている道路であれば、それを超えることは許されません。

それに対して、マナーは、状況を自分で判断して行動に移すものです。

職場における「ルール」と「マナー」の例

【職場のルール】

A 就業時間を守る
B 貸与品を失くさない
C セキュリティ、情報に関わるものの取り扱いを守る
D タバコは喫煙スペースで吸う
E 仕事で知り得た情報は、口外したりネットに載せない
F 差別的な発言をしない

▶**ルールは、職場の秩序を保つために必ず守るもの**

【職場のマナー】

A 余裕を持って仕事にあたり、殺気だったように見せず周りに心配させない
B 貸与品の破損に気をつけて丁寧に扱う
C 自分のデスクや共用のものを掃除、整頓しておく
D タバコの匂いや体臭を感じさせないように、マメにケアをする
E 行事や飲み会で写真を撮るときは、用途をしっかり伝える（SNS に載りたくない人の確認など）
F 相手が嫌がりそうなことは話題にしない

▶**マナーは、相手を不快にさせないように自分の判断で行うもの**

ドライバーであれば、相手に道を譲ったり、駐車するときに近くの車が出やすいように配慮するなど、「相手がどう思うか」が起点になります。

そのため、基本的な型はあっても、状況によって変えることができます。

つまり、ルールは自分勝手に変えることはできませんが、マナーは「相手に合わせて」自分で変えることができる。

そして、変える際の前提は**「相手を不快にさせないもの」に照らして、より最適なものを選ぶ**というスタンスです。

あえて「会釈だけ」の挨拶でいい

マナーは状況を自分で判断して行動に移すもの、とお伝えしました。

それでは、廊下を通り過ぎる際に、何やら深刻な顔をしている上司が立ち話をしていたら、どうしますか？

私なら、通り過ぎるときに、そっと頭を下げるだけにするでしょう。

ビジネスでは、「挨拶は自分から笑顔で、明るい声で、相手に届くように」というのが基本のマナーかもしれませんが、その場の状況を察して、最適だと思うマナーを選ぶことも必要です。この状況ならば、明るく大きな声よりも、声のない動作のほうが合っているということです。

マナーを学ぶうえで、この「相手がいる」という前提を忘れてはいけません。

マナーは一人でいるときには求められませんが、自分以外の人と過ごすときには必要な要素になります。自分のことばかり考えていると、場の雰囲気はどんどん悪くなっていきます。

お互いが気持ちよく過ごすためにも、このことをしっかり理解しておきましょう。

また、ルールのような強制力はありませんが、マナーがないと、相手はすぐに気づきます。ですから、基本を知ったうえで、その場の状況に応じて、しっかり形として表すことが大切になるのです。

POINT

「マナー」とは気持ちを形にして表すこと。
言葉や行動にして伝えよう

3

「型」があるから、柔軟な対応ができる

基本を覚えることから始めよう

日本には、何かを身につけていく過程を表す「守・破・離」という言葉があります。聞いたことがある方もいるかもしれませんね。

まずは型を身につけ【守】
そこから自分なりにアレンジし【破】
そして自分のオリジナルを築いていく【離】

ビジネスマナーも、まさにこれと同じことが言えます。

まずはしっかり基本を身につけること、「守」の部分を怠《おこた》ってはいけません。

基本をちゃんと押さえることで、どんな状況でも戸惑わずに、ビジネスマナーを実践できるようになります。

基本から外れるときは「ひと言添える」

ではみなさん、今までにこんな経験はありませんか？

会社や研修でビジネスマナーを学び、頭の中でシミュレーションをして、いざ実際にやろうとするも、「教わった通りに実践するのは無理があるな」と感じたこと、あるかと思います。

現実では型通りに行うと、丁寧すぎてむしろ無礼に見えたり、変な間ができてしまったり、逆に時間がかかり過ぎたり、そうなりがちです。

例えば、「名刺を渡すときは机をまたがない」という基本のマナーがあります。

しかし、机がカウンターだったり、場所の関係でどうしても回り込めないこともあるでしょう。そんなときは、

「こちらから失礼します」

と伝えてから名刺を渡すことで、「本来はそちら側に回り込んでお渡しするところ」という隠れた思いが伝わります。

他にも「相手に関わるものを渡すときは、両手で持って行う」という基本がありますが、大人数にお渡しするには、時間がかかってしまいます。そこで、

「片手で失礼いたします」

と言葉を添えてお渡しすることで、配慮しながらも、何を優先して動作をしているのかが伝わります。

「臨機応変」は基本があるからこそ

このように、基本通りにいかない場面は多々あります。

ですが、基本を知っていれば、「臨機応変」に対応することが可能です。

臨機応変とは、読んで字の如く「その機会に臨み、その場に応じて変えていく」ということ。つまり、基本があってこそ、臨機応変ができるのです。

基本がない中で、その場に応じて変えていくのは、「いいかげんな対応」に見えてしまいます。

先ほどは、基本通りいかないときに、「言葉で補って」対応する例を挙げましたが、これも本来のマナーを押さえているからこそできるのです。

基本を知らなければ、あの場面に合わせたフォローする言葉は出てきません。

これは以前、私が対応していただいて感激した例です。

取引先の方と新幹線に同乗した際に、**「お席はどちらがいいですか」**と聞いてくださる方がいました。

乗り物に乗るときには、基本窓側が上座になるのですが、相手によっては化粧室に行きやすい通路側に座りたい方もいるかもしれません。

ビジネスマナーとしては、上座である窓側をすすめられるところ、私の心地よさを優先して聞いてくださったことに感激しました。

これも、基本の型を知っているからこそ、何も言わなければ私が自然と上座になるところを、あえて聞くというスマートな行動ができるわけです。

配慮のうえでの優しい思いが、私にもしっかり伝わりました。

「本来のマナーとは違いますが、この場はこうさせていただきます」ということが伝われば、相手は「ちゃんとマナーをわきまえている人だな」と感じて、あなたのことを信頼してくれるでしょう。

基本がしっかりあれば、相手にもちゃんと伝わる。

基本を無視して自分流で進めるのは、ビジネスではマナー違反です。

POINT

まずは「基本」を押さえること。
基本があれば、いろんな場面で応用が効く

4 成長への近道は「真似する」こと

徹底的に真似してみよう

私が新人の頃は、業務だけでなく仕事のマナーに関しても、時に厳しく、でも丁寧に教えてくれる面倒見のいい先輩がたくさんいました。

しかし、昨今は人員も減らされ、先輩・上司も忙しく、手取り足取り指導してくれる職場は少なくなっています。何か注意するとパワハラと言われかねないため、最低限のことしか伝えない、なんてことも起こっているように感じます。

では、そういった中で、どうやってビジネスマナーを身につけ、高めていけばよいのでしょうか？

まずはシンプルですが、自分で本を読んだりして勉強することが大事です。

そのうえで、自分がされて嬉しかったことや、見ていて素敵だなと感じたマナーを実際にやってみること、つまり「真似る」ことです。


以前、優秀な成績を残している営業職の方がこんな話をしてくれました。

「自分がトップになれたのは、徹底的にできる人の真似をしたからだよ」と。

その方は、とにかく結果を出している人の行動を観察して、そのまま真似してみたそうです。

それこそ、電話応対のマナー1つとっても、言葉遣いや配慮の言い回し、声の調子まで、言わば「完コピ」レベルで、徹底して真似たそうです。

そうしたところ、まるでその人が乗り移ったかのような感覚になり、さらには結果がすぐに出て驚いた、とおっしゃっていました。


ビジネスマナーがちゃんとしている優秀な人、感じのいい人、信頼される人たちには、やはりそうなるだけの理由があります。

その人がやっていることを真似すると、やり方だけでなく、その人の「感情」や「感覚」まで掴めることがあります。

初めは形を真似ているつもりが、いつしか意識が変わり、そして周りの反応や結果までも変わってくるのです。

続けることで「自信」が持てる

私もCA時代に、憧れの先輩がやっているマナーを真似したことがあります。

その先輩はお客様にお願い事をする際に、いきなり本題に入るのではなく、まずは挨拶をしっかり心を込めて行ったうえで、お伝えしていました。

それまでの私は、お客様にお願い事をする場面で、「すみません、こちらは非常口の近くになるので、手荷物は物入れにお入れしてよろしいでしょうか」などと、見つけるとすぐさま口にしていました。

お客様からしてみると、「いきなり声をかけられて、注意された！」と感じられ、ムッとする方も多かったのです。

そこで、憧れの先輩のように、歓迎の挨拶を笑顔でしっかり行うところから、会話をスタートしたところ、お客様も聞く態勢が取りやすいようで、スムーズに協力してくださるようになりました。

さらに、それを見ていた他の先輩に褒められたり、印象がよくなったねと言われたり、いろんな変化が起き、少しずつ自分の行うマナーにも、自信が持てるようになったのです。

「こんなことでいいの？」「真似するだけでいいの？」と思うかもしれませんが、ぜひやってみてください。

続けることで、きっとよい変化が表れ、自信にもつながっていくと思います。

POINT

「この人、素敵だな」と思う人のマナーをいちから真似してみよう

5 できる人は誰よりも「観察」している

観察すると、ポイントが見えてくる

相手にとって心地よいマナーを実践するためには、まず相手を「察する」ことが大切です。察するとは、相手の言葉や様子から、その人の状態や望みを感じ取ることを指します。

ちょっと難しく聞こえるかもしれませんが、**察するためにすべきことは、相手を「観察する」ことです。**

この観察力が備わっている人は、察する力も高く、結果として相手が心地よく感じるビジネスマナーができる確率が上がります。

友人と二人で、ホテル内にあるレストランへ行ったときのことです。
ランチにコース料理を注文し、メイン料理を待っていました。
私たちはシェアする目的で、魚料理とお肉料理を1つずつ頼みました。シェアすることはお店の方にはお伝えしていませんでした。
いざ魚料理が先に運ばれてきて、二人で目を合わせ、どちらに魚料理を置こうか、ほんの一瞬迷っていると、すかさずお店の方が「シェアされますか? お皿をお持ちしますね」と言って、お皿を取りに行ってくれました。

どうしてわかったのか聞いてみると、「お二人が一瞬迷われている感じがしたので」と教えてくれました。

この察する力は、誰かに教えてもらったわけではなく、毎日の仕事の中で、お客様を観察して、自分なりに考えて行動に移すことで培ったようでした。

この場面での基本のマナーは、お声をかけながら、どちらかのテーブルに、音を立てずにお皿を置くということかもしれません。

でもその方は、お客様の小さな行動を見逃さず、細部まで観察し、その場に合った

最善の選択をしてくれました。

私たちはとても温かい気持ちになり、二人ともそのお店のファンになったことは言うまでもありません。

普段の行動に「プラスα」するだけ

では、観察を通して、察する力を高めるにはどうしたらよいのでしょうか？

察する力が高い人の習慣から、少し紐解いてみたいと思います。その方たちには、こんな習慣や傾向があるように思います。

○人と話すときは、言葉以外の声色、表情、しぐさにも気持ちを向けている
○待ち合わせには早めに到着し、時間、気持ちに余裕をもった行動をしている
○会話をするときは、相手へ質問したり、話を聴くことを大切にしている
○会食や飲み会では、周りを見渡し、飲み物がない人に声かけをしている

いかがでしょう。あなたもやっていること、またはちょっとやってみようかなと思

うことがあったかもしれません。

どれも特別なことではなく、普段の行動にプラスしてできるようなことばかり。やってみると、意外にも面白いものもありそうです。

苦手な人がいなくなる⁉

また、察する力を高めると、もう1ついいことがあります。

それは、苦手な人が減る可能性があるということです。

「あの人のことよくわからないな」「ちょっと苦手だな」と、その人に興味が持てないときもあると思います。そんなときは、興味が持てなくても相手を「観察する」ことからスタートしてみましょう。

ちょっとでも「観察する」「知ろうとする」そのことが、相手との距離を縮め、よい関係を築くきっかけになります。

なぜなら、今まで見えていなかった一面を発見することで、普段の仕事でのその人の意見、考えなども「そういえば前にこんな話をしていたな、こういう意図や思いからなのかな」と理解ができ、実は苦手だと勝手に思い込んでいたことに気づけるからです。

苦手な人が少なくなると、自分のストレスも減り、仕事がスムーズに進むでしょう。

マナーとは少し離れてしまいましたが、「観察すること」の応用編として、試してみることをおすすめします。

POINT

「観察する」ことで、相手に合ったビジネスマナーが見えてくる

6

そのマナー、空回りしていませんか？

はりきりすぎるとボロが出る

「この人に気に入られたい」「これからぜひ、取引をしてもらいたい」と思っている相手に会うときは、テンションが高くなりがちです。

よい印象で見られたいと思うあまり頑張りすぎてしまうことは、誰にだってあるでしょう。

しかし、第一印象で、あまりにも普段と違う姿を見せようとするのは禁物です。

気合いを入れ過ぎると、それをキープするのがつらくなり、その後ボロが出て評価が大幅に下がってしまう……、なんてことになりかねないからです。

また、テンションが高いときは、得てして相手に合わせた会話運びになりがちです。

マナーがある人というよりは、「調子のいい人」という印象を与えてしまう恐れがあります。

気に入られようとするあまり、冷静でいられず、マナーを超えた失言をしてしまうなんていうことも……。

私にも、失敗した経験があります。

気に入られたいあまりに、はりきりモードで力が入り「何かいいことを言わなきゃ！」と相手を褒めすぎる流れに……。

結局、「そんな無理に褒めなくてもいいですよ」「それはちょっとオーバーだなあ」と相手に見透かされてしまい、会話がぎこちないものになっていきました。

すると今度は、相手の気遣いに対し、マナーを超えた遠慮をして、かえって相手をがっかりさせてしまうことに。

思い出すと今でも大きなため息が出そうになります。

人はみんな気に入られたいと思うもの。でも、いつもと違う自分で、取り繕ってまで好かれようとしなくていいのです。

「良好な関係を築きたい」「ご縁をつなぎたい」と思う相手に会うときこそ、一旦冷静になりましょう。その場を必要以上に盛り上げようとせず、基本のマナーを思い出し、落ち着いて、相手と向き合おうとすることが大事です。

大切な人に会う前のルーティーン作り

では、どうすれば、空回りせずに、自信を持って振る舞えるのでしょうか？

そのために大事なのは、「準備」と「ちょっとした習慣」です。

ある心理カウンセラーの方は、クライアントに会う前、心を落ち着けるために「静かな湖が目の前にあって、湖面に自分の姿が映っているイメージ」をするそうです。すると、呼吸が深くなり、心が落ち着いてくると教えてくれました。

慌ただしい日常から少し離れ、クライアントさんの話に集中するための大事なルーティーンだそうです。

私もお客様と会う際、慌てないために心がけていることがあります。

○事前に、相手に関する情報を調べておく
○その人の大事にしているものは何か想像する
○どんな会話をするか、質問をするか、いくつか考えておく
○時間に余裕を持って、その場所に出かける
○全身鏡を見て、身だしなみを整える

これらの準備をするのとしないのとでは、その場での自信が大きく違います。

特に身だしなみを事前にチェックし、自分で気になるところがない状態ならば、堂々と振る舞うことができます。また、

○背筋を伸ばす
○笑顔のチェックをする
○深呼吸を3回する

など、自分なりのルーティーンを持ち、それを習慣にするのもおすすめです。

「普段の自分」を心がけよう

もう1つポイントをお伝えします。

それは、「相手に好かれよう」とするのではなく、「相手を不安にさせなければいい」と思うことです。理想や願望はひとまず脇に置いて、まずは相手を不安にさせないことに注力しましょう。

大事なのは、自分をよく見せることではなく、相手に敬意を持ち心から接すること。あまり気負いせずに普段の自分を心がけると、その姿を見て、相手も安心してくれるはずです。できれば、スタートは7割くらいのテンションで落ち着いて、最後に向けて余力を残しながら、徐々によい印象を持ってもらう。

そんなふうに、ぜひ自分をプロデュースしてみてください。

きっといつも通りのあなたで、接することができるはずです。

POINT

「相手に好かれよう」ではなく
「相手を不安にさせない」ことが大事

第1章

相手を尊重する気持ちが伝わる

「挨拶・敬語」

7

挨拶がないと、相手はすぐに気づく

挨拶はコミュニケーションの入口

「あなたはなぜ挨拶をするのでしょう？」と研修で問いかけると、こんな答えが返ってきます。

○コミュニケーションを取るため
○相手の状態を知るため
○「自分がここにいる」ということを知ってもらうため
○よい関係を保ちたいから
○仕事をスタートするきっかけ

○気合いを入れるため
○明るい雰囲気を作るため
○不審者と思われないため

それぞれの立場、状況、関係性などで、目的が変わるのが挨拶の特徴です。

でも、どれも「コミュニケーションの入口」ということは同じでしょう。

ある説によると、挨拶は「私はあなたに敵意はありませんよ」と表明する意図から生まれたと言われています。もともとは相手の（そして自分の）恐怖心や警戒心を解くための役割を持っているのです。

しかし、「敵意があるから挨拶をしない」という人は、現代のビジネスシーンではほぼいないと思います。挨拶をしない理由は「なんとなくしなかった」「別にしなくていいと思った」など、深く考えていないケースがほとんどです。

ただ、相手は挨拶をしない人に対して、「そういうこともあるよね」と好意的に見てくれることはありません。

その行動だけを見て、「挨拶しない無礼な人」という厳しい評価をします。

挨拶をするときのポイント

	好印象の人	印象に残らない人
タイミング	自分から先にする	相手の出方を見る
声の届け方	相手のほうに全身を向け、声の振動が届く	音として聞こえる程度
内容	挨拶に加えて気遣いのひと言がある	挨拶だけ

▶「声の届け方」と「内容」に関しては、次の項目で解説します。

特に職場では、挨拶をしないと知らぬ間に、「常識がない人」「消極的な人」「気配りができない人」「空気を読めない人」「甘やかされてきた人」「自分の立場がわかってない人」「何も考えていない人」「雑な人」「仕事ができない人」……など、マイナスな評価を受けてしまう可能性があります。

挨拶はあって当たり前、「ない」とすぐ気づかれるものです。

挨拶によるメリットはたくさんありますが、実はしないことによるデメリットは、それ以上にある。

それだけは頭に入れておきましょう。

挨拶されるのを待っていませんか？

元同僚は周りから評判もよく、誰とでもうまくやっているように見えました。「すごいね、皆と関係がよくて！」と伝えると、「挨拶だけは自分から元気よくやっているからかな？」と謙遜がありながらも、そう言っていたのが印象に残っています。

私も真似をしてみると、周りから「最近いいね！」と声をかけてもらえるように。苦手な人との関係も、前よりスムーズに進むことを実感しました。

元気な挨拶は、いろんな人とコミュニケーションを取るきっかけになったり、相手から笑顔を引き出せたり、交わす言葉が自然と増えたり、いいことづくし。

一番のポイントは、「自分から」挨拶をすることです。相手の挨拶に返すよりも、先に挨拶をすることで、周りからの印象もぐんとよくなります。

何より、先に挨拶を伝えられると、自分自身の気持ちがいいものです。

POINT

挨拶をする効果は絶大。
まずは「自分から」やってみる

8

良好な関係は、「挨拶プラスひと言」で作れる

挨拶だけで終わらせない

挨拶にちょっとした「プラスα」の言葉を加えることで、あなたの心遣いがより伝わりやすくなります。ある会社では、来客のお客様を応接室にご案内する際に「無言はNG」と決めているそうです。

なぜなら、ご足労くださったことへの感謝が無言だと伝わりづらいからです。

「おはようございます。遠いところお越しくださりありがとうございます」

「こんにちは。こちらまでは、わかりづらくなかったでしょうか」

そんなひと言があるだけで、歓迎の気持ちが伝わり、お互いの緊張がほぐれたりするものです。

「天気」「季節」「行事」の話題がおすすめ

プラスαのひと言としてよく使われるのが、天気の話題です。
この例えを出すと、「外を見れば誰だって天気はわかるのに、あまり意味のないことを言いたくない」という人もいます。

確かに、外を見れば天気はわかります。

しかし、このプラスαで伝えたいのは、内容そのものよりも「私にとってあなたは気にかけたい方、気を遣いたい方です」という相手への思いです。

この思いを伝えるには、一般的な挨拶だけでは足りません。プラスαのひと言があってはじめて伝わります。

「コミュニケーションを図りたい相手です」ということを感じてもらうのに、天気の話題はちょうどよい内容なのです。

ただ毎回天気の話題ばかりでは心許ないので、いくつかパターンを自分の中で持っておくと安心です。

「おはようございます。あいにくの雨模様ですね」【天気】
「こんにちは。外は桜が満開ですね」【季節】
「お世話になります。もうすぐ連休になりますね」【行事】

このように、天気以外にも「季節」や「行事」の話題は、さまざまな場面で使えるプラスαのひと言です。

ビジネスシーンは慌ただしいことも多いですから、相手に考えさせる深い投げかけよりも、気軽に返答できるような「当たり障りのないひと言」のほうが相手に負担をかけません。

他にも左ページを参考に、使う場面をイメージしながら練習しましょう。

そのまま使える！ プラスαのひと言

● **天気・季節・行事の話題：**

「お花見の時期ですね」「桜が満開ですね」
「花粉症は大丈夫ですか」「GW はご予定があるんですか」
「梅雨らしい天気ですね」「よく降りますね」
「雨で濡れませんでしたか」「午後は雨がやむようですね」
「今日は暑いですね」「はっきりしないお天気ですね」
「暗くなるのが早くなりましたね」「風が冷たくなりましたね」
「紅葉が見頃ですね」「雪が降りそうですね」
「お正月はゆっくりされるんですか」
「日が長くなってきましたね」
「春が待ち遠しいですね」

● **初対面の人に：**

「お近くからお越しですか」「場所は迷いませんでしたか」
「このあたりはよくいらっしゃいますか」
「道は混んでいませんでしたか」
「初めてお会いしたお名前です」

● **ねぎらい：**「〇〇お疲れ様でした」
「昨日はあれからだいぶかかったんですか」
● **予定：**「明日は〇〇がありますね」
● **感謝：**「先日は〇〇してくださり助かりました」
「お忙しいところありがとうございます」
● **情報：**「今日は〇〇で工事があるようですね」
「〇〇に長蛇の列ができていました」
● **認知：**「〇〇線、事故があったみたいですが大丈夫でしたか」
● **気遣い：**「足元の悪い中ありがとうございます」
「相変わらずお忙しいですか」

「一問二答」と覚えておこう

もし相手が気遣ってプラスαの言葉がけをしてくれたら、どのように返答したらよいでしょうか。

まず、大事なのは、「気持ちをお返しする」ことです。

例えば、「雨が降りそうですね」に対して、「そうですね」と悪気なくひと言で終わらせてしまうと、相手は「声をかけないほうがよかったのかな」と思ってしまうかもしれません。

そこで、プラスαの言葉をかけてもらったら「一問二答」を意識しましょう。

これは、**1つの問いかけに対し、2つの言葉を返す**という意味です。

「雨が降りそうですね」であれば、

「そうですね。最近、急な雨が多いですよね」

「そうですね。○○さん傘は持っていますか?」

など、ひと言で終わらせず、それに続くもうひと言をお返しすることで、距離が縮まり、会話が弾むきっかけになるものです。

この挨拶プラスαを無理なく続けていくには、「しなければならない」と義務的に考えずに、「相手からちょっと笑顔を引き出すには、何ができるだろう？」と楽しみながら考えることが大事です。


実践してみて、うまくいかなかったとあなたが感じても、相手があなたに対してネガティブな印象を持つことはないでしょう。

「話を広げようとしてくれているのかな」「気遣ってくれているのかな」とあなたの気遣いが伝われば、会話がうまく進まなくてもＯＫです。

あまり気にしすぎず、トライしてみてください。

実践することで、だんだん自然にうまくできるようになっていきます。

POINT

基本は挨拶プラスひと言。

相手からの反応がなくても「気遣い」が伝わればＯＫ

9

場面に応じた「声の出し方」「お辞儀のしかた」

雑に見えてしまう「声の出し方」

挨拶の発声で気をつける点は、「**1つひとつの言葉をしっかり出す**」ことです。そんな初歩的なこと……と思うかもしれませんが、意外とできていないもの。

例えば「おはようございます」では、最初の二音「おは」がほとんど聞こえず、間の「ご」が抜けて、「(は)ようざいます」となっていることが結構あります。

雑な印象に見えますので、一音一音をはっきり伝える意識を持ちましょう。

また、「**間延び**」も気をつけるポイントです。

「おはようございまーーす」とか「おつかれさまでーーす」のように、語尾が延びる挨拶は、幼い印象やいい加減なイメージを与えかねません。

さらに、声が小さいと「自信がないのかな？」と思われたり、「もしかして、何か嫌われているのかな？」と思わせてしまうことも。意図せずマイナスな見え方にならないように、**しっかり相手に届く声量**で伝えましょう。

鼻先、心臓、つま先を相手に向ける

声を出す際は、次のことを意識します。

① 声を前に出す
② 声の方向に気をつける

この2つを意識するだけで、相手からの反応が驚くほど変わります。

1つ目の「声を前に出す」とは、自分の気持ちをボールに乗せて、放射を描いて相手に届けるイメージです。

ただ口を大きく開けることに意識を向けすぎると、かえって声が前に出ていきません。相手にボールを届けるイメージで、声を出してみましょう。

2つ目の「声の方向に気をつける」は、体全体を相手に向けるということです。

声の方向は、体の向きで変わります。

鼻先、心臓、つま先、この3点が相手に向いている状態（「正対」と言います）で声を発することで、しっかりと相手に伝わる挨拶になります。

顔だけを相手に向けていたり、つま先は別の方向を向いていたり、3点が揃っていない状態で挨拶をしていることは、意外に多くあります。

3点が揃っていないと、適当な挨拶に見えてしまうので注意しましょう。

また、挨拶をするときは、立ち姿にも意識を向けましょう。

①足はかかとをつけて、つま先を開く
（かかとが離れていると、雑な立ち方に見えるため）
②背筋を伸ばし、顎が上がらないようにする
（顎が上がると、見下しているように見えるため）
③手は指を揃え、体の脇にぴったりとつける（そうすると、自然に胸が張れる）

3種類の「お辞儀」を使い分ける

お辞儀とは、相手への感謝や尊敬の気持ちから自然に頭が下がる動作です。

挨拶にあわせてお辞儀も一緒にすると、より相手に思いが伝わります。

お辞儀には、「会釈」「敬礼」「最敬礼」の3つの種類があります。

1 会釈（頭を下げる角度は15度）

会釈はすれ違うときや、相手のためにすぐ動作に移るときに使います。

「失礼いたします」「はい、かしこまりました」などのひと言を添えて会釈します。

2 敬礼（頭を下げる角度は30度）

敬礼は相手を迎えるときのお辞儀です。「おはようございます」「よろしくお願いいたします」などの挨拶の際に使います。

お辞儀の種類と手順

お辞儀には、「会釈」「敬礼」「最敬礼」の３つの種類があります。

種類	会釈	敬礼	最敬礼
角度			
目線	つま先から 3 m	つま先から 2 m	つま先から 1 m
状況	**すれ違うとき、出入りのとき、すぐにお客様のための動作に移るとき** 「失礼いたします」 「かしこまりました」	**お客様を迎えるとき** 「おはようございます」 「よろしくお願いいたします」	**感謝や謝罪をするとき** 「ありがとうございました」 「申し訳ございません」

メリハリのあるお辞儀は自信を感じさせ、パートナーとして「信頼できそうだ」という印象を相手に与えます。手順を押さえましょう。

【お辞儀の手順】

① 相手に視線を合わせる
② 背筋を伸ばしたまま腰から曲げる
③ 腰を曲げた状態で一呼吸おき、ゆっくり上半身を起こす
④ 目線は再び相手に戻す

【同時礼と分離礼】

お辞儀には、「同時礼」と「分離礼」という２つの方法があります。同時礼は、お辞儀をしながら同時に言葉を発します。すれ違うときや大勢に何回も挨拶をする場面に適しています。
一方で分離礼は、言葉を発してからお辞儀の動作に移ります。声が真っ直ぐ相手に届き、表情も伝わるので、初対面やスピーチの際に向いています。

3 最敬礼（頭を下げる角度は45度）

最敬礼は一番深いお辞儀です。「ありがとうございました」「申し訳ございません」など、感謝や謝罪の際に使います。

これらのお辞儀を、挨拶の場面に応じて使い分けましょう。

よくお辞儀をしながら、電話で話している人を見かけます。

お礼やお願い、謝罪、状況はさまざまですが、動作と声は連動すると気持ちがより伝わりやすくなります。

たとえ、姿は見えなくても「自然に頭が下がる」その心が大切だと感じます。見えない相手にも頭を下げるそのマナーは、電話の先にいる相手にもきっと届いているはずです。

POINT

挨拶は一音一音はっきりと。お辞儀も加えるとより相手の心に届く

10

敬語が崩れると「関係」も崩れやすい

言葉遣いは「敬意」を表したもの

言葉遣いは、言うなれば「車間距離」のようなものです。近づきすぎると、ちょっとしたことでぶつかってしまい、離れすぎると見失ってしまう——。常に相手に合わせながら、適度な距離感を保つことが大切です。

CAをしていた頃、こんなことがありました。

中学生の男の子が一人で飛行機に乗っていたので、私はいろいろと世話を焼き、友達口調で話しかけていました。「これわかる～？ これはこうするんだよ～」「ジュース飲む？」「今、学校で何が流行ってるの～？」こんな調子です。

すると、その中学生の男の子に「すいません、普通の言葉遣いでお願いします」と言われてしまったのです。

言葉遣いを考えるとき、とても大事なことがあります。

それは「相手への敬意」です。中学生の男の子も一人の大切なお客様として、敬意を持って接していたら、きっと言葉遣いは自ずと変わっていたはずです。

まずは丁寧語、「です・ます」でお話しすることが大切でした。

もしお客様が砕けた言葉で返答してくださったら、こちらもトーンを合わせた表現になることもあるでしょう。

中学生の男の子との会話で、そんな大切なことに気づかされました。

慣れてきたときこそ、ため口は禁物

「言葉が崩れると、関係も崩れやすい」と聞いたことがあります。

職場での人間関係も慣れが出てくると、これくらい大丈夫と思って言葉遣いがどんどん崩れていく傾向があるでしょう。

「その言葉遣いないよね」とムッとしても、なかなか指摘しづらいものです。

誰かに注意されることもなく、気づかないままでいると、いつの間にか関係がギクシャクしてしまうことも……。

また、常連の気の知れたお客様が相手だと、回を重ねるごとに慣れが生まれ、いつしかため口になっていた……、なんてこともあるかもしれません。

今まで使っていた敬語が崩れると、相手はやはり気づくものです。

細やかな配慮を感じない、関係が友達ふうになっている、適当に扱われている気がするなど、相手がそう感じると、そこからまた信頼を取り戻すのは至難の技です。

たとえ親しい仲であっても、「敬意」を忘れないこと。

適度な緊張感を保つことで、よい関係が長く続いていきます。

POINT

ビジネス上では、どんなときでも「敬語」を重視しよう

11 正しそうに見えて、実は間違っている敬語

一流の人こそ敬語を重んじる

相手が間違った言葉遣いをしていたら、あなたはどう感じますか？

「ああ、なんか間違って覚えちゃったのかな」と思うくらいでしょうか。

ただ、仕事のプロフェッショナルは、まず間違った言葉遣いをしません。

なぜなら、ビジネスに関わる知識全般に抜け漏れがないからです。

一流と言われる人は、常に相手を大切にし、あらゆることに対して動じず、信頼のある印象です。**そんな印象を、言葉遣いのせいで損なったら「そんなことでもったいない」と無意識レベルで理解しているのだと感じます。**

そう言われると、話す言葉1つひとつに間違いはないか、緊張してしまいますよね。大事なのは、あくまで「相手を尊重する姿勢」が伝わることだと思います。

しかし、間違いが重なると、相手も気になってしまうでしょう。相手を不安な気持ちにさせることだけは、避けたいものです。

間違った敬語、使っていませんか？

正しい敬語を使うために、事前に知識を知っておくことは大切です。

基本として、敬語には「尊敬語」「謙譲語」「丁寧語」の3種類があり、相手との関係性や状況によって使い分けます。

○尊敬語：相手が行うことに対して、敬意を表す言葉。「相手を立てたいとき」に使う。

○謙譲語：自分や自分の会社側が行うことに対して、へりくだる言葉。「自分を下げて相手を上げたいとき」に使う。

○丁寧語：言い回しを丁寧にすることで、敬意を表す言葉。誰に対しても使える。

押さえておきたい敬語の基本

尊敬語は目上の人を敬う表現で「相手を立てたいとき」に使います。謙譲語は自分がへりくだる表現で「自分を下げて相手を上げたいとき」に使います。丁寧語は日常会話でもよく使い、相手を問わずに使うことができます。

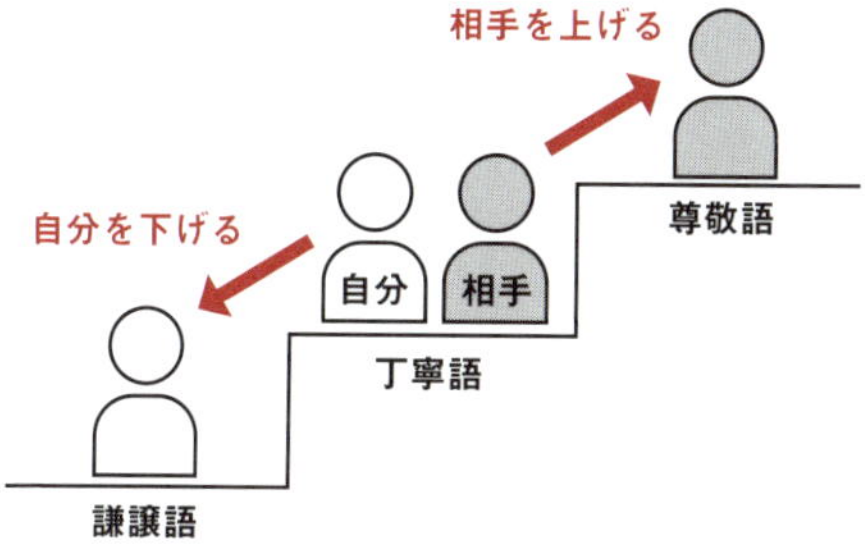

よく使う言葉の尊敬語、謙譲語、丁寧語をそれぞれチェックしておきましょう。

基本形	尊敬語（相手の動作状態）	謙譲語（自分の動作状態）	丁寧語
①言う	おっしゃる	申す・申し上げる	言います
②来る	いらっしゃる	参る・伺う	来ます
③見る	ご覧になる	拝見する	見ます
④する	なさる	いたす	します
⑤いる	いらっしゃる	おる	います

次に、間違えやすい敬語の使い方を、一緒に確認していきましょう。

×「私の上司が**おっしゃっていました**」

○「私の上司が**申しております**」もしくは「私の上司が**言っております**」

お客様との会話で、身内の上司の動作を尊敬語で表現すると、逆にお客様を下げることになるのでNG。謙譲語で表現するのが正しい敬語です。

×「これは**拝見されましたか**」

○「こちらは**ご覧になりましたか**」もしくは「こちらは見られましたか」

まず、「これ」は普通語です。文全体のバランスを整える「改まり語」の「こちら」を使います。そして、「拝見」は謙譲語ですので、お客様の動作には、尊敬語の「ご覧になる」を使います。

「改まり語」を使うと、全体がとても丁寧な印象になります。意外と普段使わない言い回しもあるので、左ページの一覧表を参考にしてみてください。言い換えるだけで、一段上の印象を与えることができます。

「改まり語」一覧

普通語	改まり語
きのう	さくじつ
あした	みょうにち
あさって	みょうごにち
この前	先日
どう	いかが
ちょっと	少々
いいですか	よろしいですか
今	ただ今
これ	こちら
前	以前
さっき	先ほど
もうすぐ	間もなく
すぐに	早速

×「ご不明な点はあちらで**伺ってください**」
○「ご不明な点はあちらで**お尋ねいただけますでしょうか**」

「伺う」は謙譲語、「ください」は命令形に聞こえるのでなるべく避けたい表現です。

依頼形の「いただけますでしょうか」は、相手が自分で選択できるニュアンスになり、受け取りやすい語尾になります。

×「参考になりました」
○「勉強になりました」もしくは「教えていただき助かりました」
「参考」は参考材料の1つ、採用するかはわからない、という意味なので、立場が上の人に対して使うと失礼な印象を与えます。

×「お名前を**頂戴して**よろしいでしょうか」
○「お名前を**伺っても**よろしいでしょうか」もしくは「お教え願えませんか」
「頂戴する」は「もらう」の謙譲語。物に対して使う言葉です。

×「田中社長様」
○「田中社長」
名前の直後にくる役職は、敬称の役割をします。
敬称が2つ重なることになるのはおかしいので、もし「様」をつけたいときは「社長の田中様」と言います。

×「**ご持参**ください」

○「**お持ち**ください」

持参の「参」は「参る」なので謙譲語です。「私が持参します」のように使います。

もしくは、「ご用意ください」でもいいでしょう。

先に「ください」は命令形とお伝えしましたが、使うことは間違いではありません。

変換するのであれば、「お持ちいただけますでしょうか」という表現がいいでしょう。

×「変更の件、了解いたしました」

○「変更の件、承知いたしました」もしくは「かしこまりました」

「了解」は響きが軽めな印象、また事務的にも聞こえるので、お客様には使わないのが無難です。

×「上司のほうは席を外していますので、ご連絡先のほう、お教えいただけますか」

○「上司は席を外していますので、ご連絡先をお教えいただけますか」

「ほう」は方角、もしくはどちらか一方という意味です。

癖になると連発しがちな「ほう」。意味を持たない言葉は、なるべく使わないことが理想です。「Aのほう、Bのほう」など、2つ以上のものを比較する場合には使えます。

×「鈴木様が**お見えになられました**」
○「鈴木様が**お見えになりました**」

「お見えになられる」は、「お見えになる」と「来られる」が一緒になった二重敬語と言われるものです。丁寧に見えますが、実は間違っているので注意が必要です。

一見正しそうに見えたり、実は使っていたものもあったかと思います。よく使う言葉の尊敬語・謙譲語・丁寧語、それぞれの敬語をしっかり頭に入れて、正しい使い方をしていきましょう。

POINT

周りにいる人の敬語もヒントに。どんな場面でも一流の敬語を目指そう

12 否定の言葉は、ポジティブ変換で伝えよう

「わかりません」「できません」の言い換え方

話の内容は同じでも、受け取る印象が大きく変わることはあるでしょう。相手へ説明したり、依頼したりする場面で、伝え方には大きく2つあります。あなたは相手から次のように言われたとき、どちらの言葉のほうが受け取りやすいでしょうか。

A 「すぐにはわかりませんので、後ほどご連絡を差し上げてもよろしいですか」

B 「すぐにお調べいたしますので、後ほどご連絡を差し上げてもよろしいですか」

A 「私は担当ではないので、対応できません」

B 「担当の者がおりますので、お待ちいただけますか」

その2つの表現には、それぞれ特徴があります。

Aは否定表現と言い、「ない」「ません」を使う表現です。「わかりません」と言われると距離を感じさせ、後ろ向きな対応に聞こえます。また、「できません」も、私には関係ないというふうに聞こえます。言っている側にそんな意図はないかもしれませんが、指摘されないと自分では気づきにくいものです。

一方で、Bは肯定表現と言い、最後に「〜ます」で終わる表現です。聞き手が受け止めやすく、前向きな印象を受けます。指示命令の意味合いは弱まるので、強い言い方に聞こえません。

「肯定形」に変換して印象を和らげよう

あるアパレルショップでのエピソードです。

洋服を購入後、私は「こちらは配送対応していますか?」とお店の人にお尋ねしました。すると、**「こちらは会員の方でないと送料がかかるんですよ……」**とだけ返答がありました。

そう聞いた私は、「会員になるには、結構会費がかかるのかな? もしかして私は面倒くさいことをお店の人に頼んでる?」と思いました。

さらに、「会員になるのは有料ですか?」と聞くと、「いえ無料です」との返答が。何とも言えない、複雑な気持ちになったのを覚えています。

もし**「配送は可能です。無料会員になっていただくと送料も無料です」**と答えてもらっていたら、印象もだいぶ違っていたと感じました。

では、こんな場面に遭遇したら、どんな言葉を選択すればよいのか。ビジネスシーンでよく使う「否定形→肯定形」への変換例をいくつかご紹介します。

否定表現 「土日は対応していません」

肯定表現 「平日9時から19時まで受け付けております」

否定表現「このままではトラブルを引き起こします」
肯定表現「こうするとトラブルが回避できます」

否定表現「明後日までには提案書は間に合いません」
肯定表現「3日後でしたら提案書が用意できます」

否定表現「関係者でないと立ち入り禁止です」
肯定表現「関係者のみのエリアとなっております」

否定表現「提出は20日を過ぎないようにお願いします」
肯定表現「提出は20日まで受け付けております」

否定表現「会合には参加いたしません」
肯定表現「会合には不参加でお願いします」

否定表現 「生年月日を入力しないと登録できません」

肯定表現 「生年月日を入力すると登録できます」

社外だけでなく、社内でも使える！

社内での指導や言葉かけでも、肯定表現を意識すると相手が話を受け入れやすくなります。つい感情で伝えそうになったとき、指摘しづらいときなどに、「肯定形で言い換えるなら？」と一旦立ち止まって考えてみましょう。

否定表現 「試験に合格しないと希望の部署に行けないよ」

肯定表現 「試験に合格すれば希望の部署に行けるよ」

否定表現 「なんでできないの？」

肯定表現 「どうすればできる？」

否定表現　「次からこんなことはしないように」
肯定表現　「次は違う方法でやってみよう」

ただ、肯定表現は言葉の印象を和らげる分、意図がはっきりと伝わらないというデメリットもあります。

例えば、安全に関する注意喚起は、「扉はきちんと閉めましょう」より「事故発生！扉は開けっぱなしにしない」のほうが、何をしたらいけないかが明確ですよね。

このように、否定表現は絶対に使ってはいけないものではありません。

ただ、ビジネス上で否定表現が多くなると、印象が悪くなる恐れもあるので、必要なときに限り使いましょう。

ポジティブな空気を作り、良好な関係性につなげていく手段として、なるべく肯定表現を選択することをおすすめします。

POINT
否定形を使う前に、一旦「肯定形にできないかな？」と考えてみる

13 誤解が生まれない「言葉選び」のコツ

細かく伝えることで、行き違いは圧倒的に減る

ビジネス上のやりとりで、私が一番気をつけているのは「誤解や行き違いを生まないこと」です。自分はしっかり連絡したはずなのに、ちゃんと伝わってなかった……、このような行き違いは、後々大きな問題につながるからです。

行き違いを生まないための一歩は、「曖昧な表現」で相手を迷わせないこと。お願いやお断りのときは、相手に配慮しながらも、いかに的確に伝えるかが大切なポイントです。

特に日にちや時間感覚、大きさ、数に関する認識のすれ違いは、いろんな場面で起こりやすく、トラブルの元になりやすいものです。

例えば、電話の相手から「お調べして、折り返しお電話をしてもよろしいでしょうか？」と言われたとします。

あなたは、何分後に電話がかかってくると予想しますか？

何人かに尋ねてみると、「5分」「15分」「30分」「1時間」と答えはさまざまでした。

状況にもよりますが、5分後だと思って待っていて、1時間経ってもかかってこないとしたら、「忘れられたのかな？」と不安に思う人もいそうです。

この場合は、**「お調べいたします。恐れ入りますが、確認が取れるまで最大1時間ほどかかる可能性がございます。よろしいでしょうか」**と伝えるのがベストです。

なるべく具体的な数字を使って、細かく伝えることが必須です。

「日にち」「時間」「大きさ」は曖昧にしない

丁寧に伝えたつもりでも、相手との齟齬《そご》があっては仕事に支障が出ます。伝えたい情報を、同じ形で受け取ってもらえるように工夫しましょう。

○「今週中にお送りします」→「10日（金）の午前中までにお送りします」

○「ご確認くださいませ」→「ご確認いただき、変更点がございましたら、明日14時までにご連絡いただけますでしょうか」

○「小さめでお願いします」→「名刺ほどのサイズでお願いします」

○「伊藤はしばらく休んでおります」→「伊藤は来週の月曜日に出社いたします」

○「30部プリントアウトし、1部を鈴木さんにお渡しください（計30部なのか、31部なのか不明）」
→「30部プリントアウトし、その中の1部を鈴木さんにお渡しください。29部は私に渡していただけますか」

このように、誰が聞いても同じように伝わることが大切です。そのための言葉選びは、慎重に行いましょう。

不快感を与えない「クッション言葉」

クッション言葉とは、本題に入る前にひと言添えて気遣いを示す言葉です。主に「お願い・依頼」「お断り」「意見・反論」する場面で使います。

言いにくいことを、そのままストレートに伝えると、相手は心の準備ができず、素直に受け取れなかったり、ショックを受けてしまうことがあります。

その名の通り、衝撃を和らげるクッションのような役割を果たすのです。

また、クッション言葉から会話をスタートすると、自然に相手を尊重する柔らかな口調になるため、言いづらい話も切り出しやすくなるでしょう。

なお、対面でのコミュニケーションに限らず、温度感やニュアンスが伝わりづらい文書やメール、電話でも、積極的に使うことをおすすめします。一方的な印象になることを防ぎ、「配慮」や「やさしさ」が伝わります。

信頼関係を築くうえでも、クッション言葉は欠かせないものなのです。

お断りするとき

「あいにく」「残念なのですが」「申し訳ございませんが」「心苦しいのですが」

例 **「申し訳ございません、**〇〇は本日、休みを取っております」

協力してほしいとき

「恐れ入りますが」「お手数をおかけいたしますが」「お忙しいところ恐れ入りますが」

例 **「恐れ入りますが、**〇日までにお返事をいただいてもよろしいでしょうか」

負担のあるお願いをするとき

「ご面倒をおかけしますが」「ご迷惑とは存じますが」「こちらの都合で恐れ入りますが」

例 **「ご面倒をおかけしますが、**お引き受けいただけないでしょうか」

ご要望に応えられないとき

「せっかくお声をかけていただいたのですが」「ぜひご期待にお応えしたかったので

すが」「身にあまるお話、光栄なのですが」

例 「**身に余るお話、光栄なのですが、**今回は辞退させていただいてもよろしいでしょうか」

ものを尋ねるとき

「失礼ですが」「差し支えなければ」「お教えいただきたいのですが」「お尋ねしてよろしいでしょうか」

例 「**失礼ですが、**お名前をフルネームでお聞かせいただけますでしょうか」

改善してほしいとき

「細かいことを言ってしまい恐縮ですが」「こちらの都合ばかりで申し訳ございませんが」「説明が足りず失礼いたしました」「〇〇さんの立場に立っておらず恐縮ですが」

例 「**こちらの都合で恐縮ですが、**決定の理由を２つ以上挙げていただけると助かります」

意見や反論するとき

「僭越ながら」「おっしゃることは重々承知をしておりますが」「余計なこととは存じますが」「私の考え過ぎかもしれませんが」

例 「**おっしゃることは重々承知をしておりますが、**今回はA案をご提案させていただけないでしょうか」

相手への伝わり方が大きく変わり、そして大いに自分の味方になってくれるクッション言葉。

仕事ができると言われる人は、必ずと言っていいほど自然に使いこなしています。ぜひ、実際に使いながら、言い回しのバリエーションを増やし、自分のものにしていきましょう。

POINT

「数字」を使うと断然わかりやすい。さらに「クッション言葉」でより伝わる

相手との距離に応じた言葉遣いをしよう

ビジネスシーンでよく使うフレーズを集めました。社外や取引先の方に限らず、社内の人においても丁寧な言葉遣いを心がけていきましょう。

	ラフな印象	丁寧な印象
依頼・確認するとき	お暇なときにお返事ください	お手隙の際にお返事いただけますでしょうか
	考えといてください	ご検討いただけますでしょうか
	協力お願いします	お力添えいただけないでしょうか
	ちょっと気になるんですが	些細なことで恐縮ですが
	ダメ元でのお願いですが	無理を承知でのお願いなのですが
お断り	悪いんですけど	大変心苦しいのですが
	気持ちはわかりますが	ご事情はお察しいたしますが
	決定しませんでした	今回は見送らせていただくことになりました
	～はしないでください	恐縮ですが～はご遠慮いただいております
お詫び	忘れてました	失念しておりました
	こちらのミスですみません	こちらの不手際でご迷惑をおかけしました
了承	わかりました 了解です	承知いたしました

第2章

第一印象で損をしない

「身だしなみ・ふるまい」

14

第一印象は、たった数秒で決まる！

サービスよりも、やっぱり「人」

パッと見ただけで判断されたくない、仕事の中身で評価してほしいと思う人は少なくないでしょう。

しかし、「人は見かけによらない」「外見で判断するのはよくない」と理性ではわかっていても、人間は無自覚に持っているある一定のフィルターを通して、相手の第一印象を決めています。

ビジネスはときにシビアで、第一印象で「感じが悪い」と判断されたら最後、次に会おうと思ってもらえない、選んでもらえない可能性が高くなります。

人の印象を決める３つの要素

視覚	聴覚	話の内容・言葉遣い
・身だしなみ ・表情 ・態度、姿勢	・声の大きさ ・声のトーン ・話すスピード	・簡潔かどうか ・わかりやすいか ・言葉遣い

▶**第一印象は、特に「視覚」からの情報に左右される。**

以前、知人が自宅をリフォームするにあたって、リフォーム会社の営業の人に説明に来てもらったときのことを話してくれました。

「提案内容はよかったけれど、営業の人のシャツがシワシワなのがとても気になってね。

その人が実際工事をするわけではないけれど、会社も身だしなみが整ってないその人を誰も注意しないなんて、全体的にゆるい会社なのかな……。

見えない部分も信じて任せる工事だし、いろいろ考えて違うところを探そうと思うんだよね」とのこと。

もちろん、営業の人は断られた本当の理由を知るよしもありません。

仕事を依頼するときには、提供するサービスはもちろんのこと、それを紹介する「人」のことも瞬時に見定めています。

人に違和感を覚えると、その見た目の印象だけで「依頼しない」と決断することだってあるのです。

先の事例は、見た目の印象は本人の評価に留まらず、会社のイメージや姿勢にまで影響を及ぼすことがあると伝えてくれています。

第一印象＝身だしなみ

「少しでもリスクを感じるものは避けたい」と思うのは、人の心理でもあります。

左にあるりんごの絵を見てください。

パッと目がいくのはどこでしょう？

きっと、欠けている部分ではないでしょうか。

りんごと同じと言うと語弊はありますが、欠けている部分に目がいくのは、なんらかの異変を感じ取るセンサーが正常に働いている証拠です。

「あれ？なんか変？」と違和感があると、まずそこに目がいくものです。するると、そこに気を取られ、落ち着かない気持ちになったり、その印象があとになっても強く残ったりします。


第一印象の情報は「数秒」と言われています。

つまり、人は会って数秒で、何かしらの印象を持つのです。

特に目に飛び込んでくる「視覚」による情報は、大きな影響を与えます。

ビジネスマナーの観点で言えば、第一印象は「身だしなみ」が大きな割合を占めるということです。

「この人、大丈夫？」と思われないために

まずは、話をする前に、身だしなみで相手を不安にさせないことです。

見た目に違和感がなければ、本題の話の内容も相手に届きやすくなります。

一方で、身だしなみが整っていなければ、相手もそこが気になって「話が頭に入ってこない」状況になりかねません。

話をする前の段階で、「この人、大丈夫?」と判断されてしまうのは、とてももったいないことです。

もちろん、第一印象は覆すこともできます。

しかし、スピードが速いビジネスシーンでは、何度も会ってじっくりと相手を知ろうとしてくれることは非常に稀です。

ですから、初対面では、「第一印象」ですぐに安心してもらえるように、自分の身だしなみをしっかり整えましょう。

POINT

「身だしなみ」を整えるだけで、ビジネスの第一段階はクリアできる

15 社会人としての身だしなみ、3つのポイント

念入りすぎるくらいがちょうどいい

初対面の人に対して、「身だしなみ」は大きな影響を与えるとお伝えしました。業種や職種によって細かな違いはありますが、基本的な考え方は共通しています。どんな観点で身だしなみに気をつければいいか、ポイントは3つあります。

①清潔感はあるか
②違和感はないか
③機能的であるか

どれも大事な要素ですので、詳しく見ていきましょう。

1 清潔感はあるか

まず、身だしなみの基本中の基本が「清潔感」です。清潔感がある人は信頼されやすく、専門性が高い印象を与える傾向があります。

特に気をつけたい項目をお伝えします。

「服装」のチェックポイント

シャツの汚れやシワ、スーツの擦れ、糸のほつれ、取れかけのボタン、引っかけた穴、ペットの毛がないかなど、服装全体を確認します。

その中でも特に「清潔感」と直結するのが、「シャツの汚れやシワ」です。

前項の知人の話でもあったように、シャツは目がいきやすい場所です。

さらに、薄い色が多く目立ちやすいため、襟元や袖口に汚れがないか、シワが目立たないか、朝着替えるタイミングでチェックしましょう。

チェックする際は、なるべく全身鏡を使って、全体を見ることをおすすめします。

「臭い」も大事な身だしなみの1つ

最近はタバコを吸う人が少ないため、ちょっとしたタバコ臭にも敏感な方が多い印象です。衣服の消臭は、こまめにすることをおすすめします。**また、ミルク入りのコーヒーは口臭の元。口をゆすぐだけでも軽減されますので、飲んだあとの習慣にするといいでしょう。**

タバコ臭や口臭、汗の臭いなどは、臭いを管理するケア用品が充実しています。ぜひお店で眺めて、自分に合うものを見つけてください。

一方で、香りのきつい柔軟剤や香水は、最近では「香害《こうがい》」と呼ばれることもあり、なるべく避けたいものです。

実は、「匂い」は身近な家族でも指摘しづらいものです。

とは言え、自分の匂いには慣れてしまいやすく、本人では気づけません。勇気を持って自分から、身近な人に確認してもらうのも1つの方法です。

「爪」「髪」「靴」も手を抜かない

細かい部分になればなるほど、自分では気づかないことがよくあります。

しかし、他人は相手の「先端」に目がいきやすいようです。

書類を指しながらお客様に説明する際、爪の長さだけでなく、指のささくれも目立ちます。ハンドクリームや指先用のオイルで保湿するように心がけましょう。

前髪は、目にかかると無意識に手で触れてしまいがちです。また、前髪が長く目が隠れていると、表情を捉えにくいため相手は不安を感じます。整髪料を使って、ベタつきすぎない程度に整えましょう。

つい忘れがちな足元も、意識したいところ。靴に汚れや傷がないよう、クリーナーやブラシで手入れをします。細部の持ち物がきちんと整っていると、「持ち物を大事にできる人」という印象を与え、プラスの評価につながります。

2 違和感はないか

あなたの業種や職種に求められている「期待されているイメージ」と落差はないか。

そして、前述のりんごの話にあるように、「なんか変?」と相手の目をひかない配慮も大切です。

例えば、明らかにサイズが合ってない服は気になるものです。パツパツだと苦しそうに見えて、大きすぎると子どもっぽく見えます。

また、手首に付けている大きめのパワーストーン、ダーク系のスーツなのに白っぽい靴下、夏なのに冬素材のジャケット、サンダル調のパンプス、目立つデザインのベルトなど、どれも違和感を与えるでしょう。

TPOを無視した服装や、期待するイメージにそぐわないものは、「自分がよければ、周りがどう思うか気にしない人なんだな」と感じられるので要注意です。

なるべく違和感を与えないように、どれも「控えめ」を選ぶことがポイントです。

3 機能的であるか

「機能的」とは、仕事をするうえで支障がない状態のこと。例えば、足が痛くなったり、音が鳴りやすい靴は、それが気になって仕事に支障が出ます。

また、服のデザインが何かに引っかかりやすいと、怪我や事故の原因になります。

以前、「袖の長いデザインのブラウス」を着た方に対応してもらった際に、動作をするたびに長い袖が邪魔になり、袖をまくり上げるしぐさがとても気になりました。**何度も繰り返すしぐさは、とても目に付くものです。その点で、機能性を求めることは相手への配慮にもつながるということです。**

「働きやすい服装」を常に心がけることが、大切だと感じます。

仕事や職場によって、ふさわしい身だしなみはそれぞれです。ですが、基本は共通しています。ぜひ、左ページのリストで自己チェックをするとともに、信頼できる人に定期的にチェックしてもらいましょう。チェックをお願いする際は、前だけでなく後ろ姿もお願いできると、見えない部分の安心につながります。

POINT

身だしなみは「念入り」に。
他者目線で定期的にアドバイスをもらおう

身だしなみチェックリスト

出社前や打合せ前などに、ぜひ活用してください。

項目	内容	本人チェック ○×	第三者チェック
髪	目にかかっていないか		
	お辞儀をしたときに髪が顔を覆わないか		
	寝癖がないか		
	ヘアアクセサリーが目立ちすぎていないか		
顔	化粧は極端な色味ではないか		
	鼻毛は伸びていないか		
	ひげは剃り残していないか		
爪	長すぎず汚れがないか		
	ネイルが目立ちすぎていないか		
服装	シワ、汚れがないか		
	色に違和感がないか		
	露出しすぎていないか		
靴	汚れ、型崩れしていないか		
	サイズが合っていて仕事がしやすいか		
その他	たばこ、体臭、香水のにおいがきつくないか		
	目立つアクセサリーをしていないか		

16

意外と知らない「着こなし」のマナー

ただ「着る」だけでは甘い！

ビジネスでは、服装の「着こなし」も印象を大きく左右します。

着用マナーは、誰かが教えてくれるわけではないので、注意するポイントを自分で確認しましょう。

研修でよくある質問と回答をまとめたので、ぜひ参考にしてください。

男性の着こなし

Q ジャケットのボタンは全部閉めたほうがいいですか？

A シングルスーツ（縦一列にボタンが並んでいるデザイン）の場合、動いたときのシワを防ぐため、一番下のボタンは閉めません。これを「アンボタンマナー」と言います。また、ボタンを閉めたまま座ると生地が引っ張られ、傷みにつながるので、着席時はスーツのボタンを全て外してもよいとされています。ただし、就職面接などではラフに見える可能性があるので、念のため留めておくのが一般的です。

ダブルスーツ（ボタンが二列のデザイン）は、ジャケットの合わせの部分が大きく重なるため全てのボタンを閉めます。座る際もボタンは閉めたままです。

シングルスーツを着用する際は、一番下のボタンは閉めない（アンボタンマナー）。

シングルスーツは、着席時にボタンを全て外してもマナー違反にならない。

Q スーツのポケットに物を入れてもいいですか？

A スーツのシルエットが崩れたり、擦れて生地を傷めるため、基本的に物は入れません。内ポケットであれば、名刺入れくらいなら利用しても問題ありません。

ただ、厚みがあるものを入れていると、「何が入っているのかな」と相手も気になります。また、動くと音が鳴るもの（小銭やカギなど）は、動作のたびに音が鳴り、気になるので入れないのがマナーです。

Q 真夏でもスーツのジャケットはお客様先で必要ですか？

A まずはあなたの会社の決まりを確認しましょう。

初回にお客様先に伺う際や大切な会議の場では、ジャケットの着用をおすすめします。移動中はシワにならないよう、きれいに畳んで持って行くとよいでしょう。

もしジャケットを持たずに伺い、相手が着用していたら、「クールビズで失礼します」とひと言伝えるといいかもしれません。

Q 謝罪をするときの着こなしで注意点はありますか？

A 正式なものを選ぶことが大切です。スーツはシングルスーツ。ダブルスーツは襟が主張していて、権威を表す印象があるため避けます。

色は控えめな気持ちを表す、ダークネイビーやダークグレーが理想です。

シャツ、ネクタイは無地を選択し、ストライプや大柄など派手な印象のものはやめましょう。

女性の着こなし

Q 女性のビジネススーツで押さえておくポイントは？

A お客様先、お取引先など、相手の環境やトーンと合わせることです。初めて伺う企業は、ホームページで会社の雰囲気を先に見ておきます。

もし迷うようであれば、初回はなるべくフォーマルな格好がいいでしょう。

伺った際の印象で少しラフな雰囲気の企業であれば、以降はかしこまりすぎなくていいかもしれません。

また、女性のスーツはボタンを閉めることを前提に作られているので、アンボタンマナーはありません。

なお、動きが多い場合は、パンツスーツがおすすめです。スカートは、丈が短すぎると目のやり場に困るので、膝が隠れるものにします。

私の失敗談として、昔研修後のアンケートで「スカートがタイトで話が入ってこなかった」とご指摘をいただいたことがあります。

それ以来、ジャケットは腰回りが隠れるもの、ピタピタすぎないスカートやパンツを選んでいます。

Q 上下別々のセットアップでも問題ないでしょうか?

A 問題ありません。なるべく同じ素材感を選び、ベーシックなカラーにするとまとまりがでます。

真っ黒のジャケットは伺う場所によっては重く見えてしまうので、薄いベージュ、グレーやネイビーのジャケットは万人におすすめです。

Q タイツは履いてもいいのでしょうか?

A スーツにタイツでも、同系色や肌色であれば問題ありません。

ただ、カジュアルさは多少あるので、面接やプレゼンテーションなどフォーマルな場であれば、無難にストッキングを選ぶことをおすすめします。

黒のストッキングは、礼服を連想させるのでビジネスでは避けます。

今後迷ったときに、ぜひ参考にしてみてください。

POINT

迷ったら「無難なほう」を選ぶのがベスト

17

表情のよさは、印象のよさに直結する

「なんか怒ってる？」と勘違いされないために

なぜ人間には、表情があるのでしょう。

それは、自分の思いや感情を伝えるためだと考えます。

表情1つで気持ちを伝えることができる一方で、意図せずに相手に誤解を与えるメッセージを送っている可能性もあります。


「なんか怒ってる？」「疲れてる？」「理解できてない？」「いいと思ってない？」

そんなつもりはないのに、相手にそう言われた経験はありませんか？

これは、相手と「行き違い」が発生している状況です。

これが頻繁に起こると、「何を考えているかわからないから、なるべく関わらないようにしよう」と距離を置かれてしまうことも……。

笑っているつもりが、無表情に見えてしまう。もし、そんな悩みがあるならば、相手に笑顔だと伝えるよい方法があります。

フランスの神経内科医デュシェンヌは、「頬の高さが変わり、目が細まる表情を、人は『笑顔だ』と認知する」と定義しました。**つまり、頬をいつもより上にあげ、それによって目が細まると、誰から見ても「笑顔」に見えるということです。**

頬の高さを変えるには、上の歯が「8本」見えるように、口を開けるといいでしょう。これで自然な笑顔が出来上がります。

口を閉じて笑顔を作るときも、同じイメージです。

機嫌が悪く見えなければいい

実際に鏡の前で笑顔を作ってみると、「顔が引きつって、わざとらしい表情に見える」と感じる人もいるでしょう。でも、実は引きつっているのを一番気にしているのは、自分自身かもしれません。気にし出すと、ますます表情がこわばり、自分がいったいどんな表情でいるのかもわからなくなってしまいます。

では、どうしたらいいのでしょうか。

表情がこわばるメカニズムは、「顔が引きつっているような気がする」→「相手の目が気になる」→「もっと表情がこわばる」このような感じです。

ですから、まずは「多少引きつってもいい、機嫌が悪く見えなければいい」と思うことが大事です。

そして、相手の目を見るとますます緊張してこわばるので、目ではなく、眉あたりを見て、「リラックス」と心の中で自分に声をかけましょう。

また、日々のストレッチ（頬上げ体操）でも引きつることを解消できますよ。頬を片方ずつ上げて、目に近づける動作を、右、左、右、左と合計30回行います。

3週間くらい続けると、引きつりが徐々に解消されていくので、気になる方はぜひ試してみてください。

マスクをしているときの注意点

マスクを着用することに違和感がない昨今ですが、初対面で目しか見えない状態は相手を不安にさせます。最初の挨拶だけでも、マスクを外すといいでしょう。

もし、風邪気味で相手にうつしたくないという配慮ならば、**「恐れ入ります。少し風邪気味でして、念のためマスクをさせてください」**など、ひと言自分から理由を話すといいでしょう。

マスクをしていると、自分の表情に意識が向かないため、特に目に生気を感じられなくなります。**マスクで見えなくても、口を軽く閉じ、口角を横に引くことで集中した感じのよい目元に見えます。**

目しか見えない状態だからこそ、ちゃんと表情を意識したいものです。

笑顔を封印する場面もある

知り合いがこんな話をしていました。

ある限定品をどうしても手に入れたくて、店舗に訪れたときのこと。

店員さんにまだ在庫があるか尋ねると、「完売ですね」と笑顔で返されたそうです。

その店員さんにイラッとした、と言っていました。


笑顔は基本のマナーですが、ではなぜ、その笑顔はイラッとさせてしまったのか。

それは、自分の残念な気持ちと真反対の表情だったからでしょう。

表情は相手の気持ちとリンクさせることで、相手に寄り添う気持ちが伝わります。

この場合は、「要望に添えず申し訳ない気持ち」を表情で伝える必要があったと感じます。

状況を察して笑顔を封印することも、マナーの1つだと覚えておきましょう。

POINT

表情で気持ちは伝わる。

だからこそ「表情管理」を怠らないで

18 座り方には、気のゆるみが出やすい

脚には本音が出る!?

座ったときの脚は、その人の本音が出やすいと言われます。

CAのときにお客様を観察していると、確かにイライラしている人は脚が落ち着かないと感じたことがあります。貧乏ゆすりをしたり、頻繁に脚を組み替えたり、床をタンタンと足踏みしたり……。特に飛行機が定刻より遅れそうになると、そういう動作をするお客様が増えていく印象です。

当時は機内にある公共交通機関の時刻表をお持ちしたり、少しお話をするだけでも、気が紛れるのか、落ち着くお客様もいらっしゃいました。

すると、ぱたりと脚の動作がおさまるので、不思議なものだなと感じていました。

気持ちのゆるみとともに、脚がゆるんでしまうことはよくあります。脚が開いているとだらしなく見えたり、つい癖で脚を組んでしまい軽い印象を与えたり、男性であれば、広げすぎると横柄な態度に見えることも。

机の下だから大丈夫と思っていても、ちょっと動いたときに相手からは意外と見えているものです。**意識しないと脚はすぐに崩れることを、頭に入れておきましょう。**

背もたれに寄りかからない

その分、脚を整えれば、それだけでワンランク上の印象を与えられます。

座るときのポイントは、椅子に深く腰かけながらも、背もたれに寄りかからないことです。

深く座ると、背もたれに背中がつき安定しやすい分、脚がゆるくなって、膝が開いたり、かかとが上がってしまいます。

そのため、**背もたれと背中は「拳1つ分」空ける**ことを意識します。

なお、スカートの場合は、かかとと膝をつけて座ることを心がけましょう。

座るときに意識したいこと

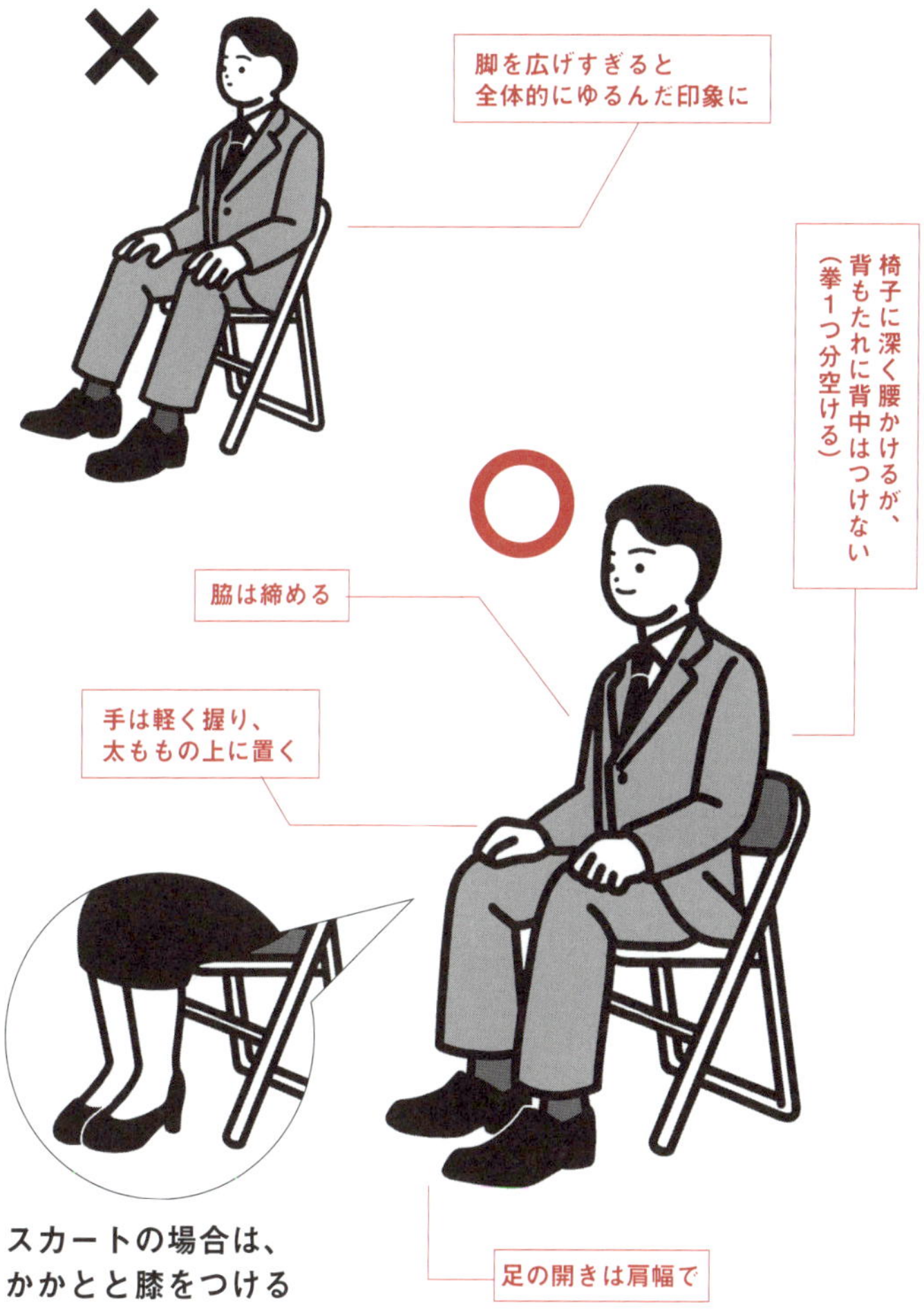
脚を広げすぎると
全体的にゆるんだ印象に
椅子に深く腰かけるが、
背もたれに背中はつけない
(拳1つ分空ける)
脇は締める
手は軽く握り、
太ももの上に置く
スカートの場合は、
かかとと膝をつける
足の開きは肩幅で

「無意識な癖」は徹底的に直そう

脚以外にも、無意識な所作で、悪い印象を与えていることがあります。

ビジネスでは、「つい癖で」では済まないことがありますので、対策も含め読んでみてください。

1 隠さずにあくびをする

生理現象ではありますが、隠さず大きな口を開けるのは御法度です。集中してなさそう、やる気がなさそう、話を聞いてなさそう、と思われます。あくびをする前にハンカチや手で隠したり、状況によっては下を向いて、相手に見せない配慮をしましょう。

2 くしゃみを押さえない

唾が飛んだり、衛生の観点からも嫌がられます。ティッシュやハンカチなどで口と鼻を覆い、人がいない方向に顔を向けましょう。

また、くしゃみとともに出る大きな声にも気をつけたいものです。ハンカチで覆えば音を小さくできますので、ビジネスの場であることをわきまえて、「なるべく静かに」を心がけましょう。

3 キーボードで大きな音を立てる

些細な音が気になってしまう方は、一定数いるようです。キーボードを叩く音は意外にも響きます。音が大きいと、イライラしていてストレスがあるように見えてしまうこともあります。

対策としては、必要以上に指をキーボードから離してタイピングすると、大きな音が鳴りやすいため、なるべく優しく押して周りへ配慮しましょう。

キーボード自体の問題であれば、静音効果のあるキーボードカバーを用いると、ある程度音が押さえられるのでおすすめです。

4 キャビネットやドアの開け閉めの音が大きい

何気ない動作だからこそ、気をつけないとその人の素が出てしまうものです。

音を立てる人は、雑なイメージを与えます。機嫌が悪そうに見えることもあるでしょう。そうならないためには、閉じる最後まで手を離さないことです。細かいことかもしれませんが、それが差となって表れます。

5 ペン回しをしている

会議や面談で、ペン回しをしている人を見かけます。手持ち無沙汰であっても手遊びは禁物。たとえ集中している場合でも、周りには集中していないように見えます。癖でやめられない人は、メモを取ったら一度ペンを置く習慣をつけるといいでしょう。

6 指差をする

本来、指差は、立場が上の人が指示を出す行為です。挑発行為として受け取る人もいますので、注意が必要です。人はもちろん、方向や物、書類の説明であっても指差はしません。指し示す際の、正しい方法をお伝えします。

①5本の指を全て揃える
（先端まで神経が行き届いていると繊細さを感じます）

②手のひらは相手に向ける
（手の甲は裏、手のひらが表という考え方があります。手のひら、表を見せることで心を開いている印象を与えます）

③指し示す方向に目線を向ける
（指し示す動作とともに、目線もその方向に動かすことで、わかりやすさがプラスされます。指を示したあとは、目線を相手に戻します）

小さなことでも細部を整えることで、見栄えは断然によくなります。
ぜひ、1つひとつの所作を見直してみてください。

POINT

所作を整えないと雑に見えてしまう。
ちょっとの気配りで印象アップを目指そう

19

「意識」が変われば、ふるまい方も変わる

目の前に困っている人がいたら？

歩いているときに、停めてあった自転車が突然倒れました。

私が「あ！ 倒れた」と思ったと同時に、近くにいた人がサッと自転車を起こしに行きました。どうやらその人は、自分の自転車ではなくただ通りがかりだった様子。

サッと起こして立ち去った姿に、「素敵だなあ」と爽やかな気持ちになりました。

その一方で、私には「すぐに自転車を起こしに行こう」という発想がなかったことに気づきました。きっと誰かがやってくれるだろうと、どこかで思っていたのです。

そういった気持ちに慣れてしまうと、一事が万事、全てがそんな思考になりそうな気がしてしまいます。とても大切なことに気づかされる出来事でした。

働いていると、自分の仕事をしながらも、困っている人にサッと手を貸してくれる人がいます。手が塞がっていたらドアを開けて押さえてくれたり、電話対応で返答に迷っていたらそっとメモで対応を教えてくれたり、ちょっと書き込みたいときにすっとペンを差し出してくれたり……。

もちろん集中して仕事すべきときは、部屋に篭もることも必要だと思います。

しかし、チームで成果を上げるビジネスにおいては、「何か手伝えることはないかな？」という意識を常に持つことが大事です。

「あなたのために」は伝わるもの

では、「やったほうがよさそうだけど、どうしよう」と悩む場面に出くわしたら、どうしたらいいでしょう。そこに迷いがあるならば、行動しなかったとき、自分の中でちょっとしたモヤモヤが残るものです。

私の考えをお伝えすると、「お節介でもやってみるほうがいい」と思います。

もしかしたら、本当にお節介と思われるかもしれませんが、次から気をつければいいだけのこと。「あなたのために」という思いがあれば、通じることのほうが多いものです。それが、私の経験上の結論です。

何かの「一員」という意識を持つ

ＣＡの仕事をしていた頃の話です。

電車に乗っていると、乗り換えの案内を凝視しながら、難しそうな顔をしている外国人の方がいました。私と一緒にいた同僚は、すぐさまその方に声をかけ、案内をして喜ばれていました。

空港業界関係者は、持ち物や髪型から、制服を着ていなくても「空港に携わる人」だとわかりやすい面があります。**きっと周りの人たちは、反射的に声をかけた同僚の姿を見て、関係者として期待通りの振る舞いだと感じたのではないでしょうか。**

その一方で、私は昔の恥ずかしい場面が蘇りました。

新人の頃、自分の所属でない空港での勤務が終了し、着替えて解散したあとのことです。私は、滅多に来ない空港の珍しいアイスクリームを見つけ、ロビーで食べることにしました。

すると、駆け足で先輩が寄ってきて、「ちょっと！ なんでこんなところでアイスクリームを食べてるの！」と、すぐさま叱られました。

今ならば、先輩が驚いた気持ちがわかります。

勤務終了後とはいえ、ＣＡとしての印象から一転、素の状態を見せられると、なんだか舞台の裏側を見せられたかのような、とても残念な気持ちになるものです。

きっと、がっかりした空港のご利用者もいたでしょう……。

ここでお伝えしたいのは、私の恥ずかしい失敗談ではなく**「あなたも何かの一員である」**ということです。

会社にいればその会社の、お店にいればそのお店の、個人で仕事をしていたとしても、仕事をするうえでのチームの一員として仕事をしています。

「この人はこのグループの一員」ということは、意外と周りの人に伝わります。

あなたの言葉、行動、立ち居振る舞いは、そのまま組織のイメージに直結することを、忘れないようにしましょう。

仕事中にちゃんとやっていればいい、そういう考え方もあるかもしれません。仕事以外の時間まで意識をしていたら、疲れてしまうし、そこまでしなくていいのでは、と思う方もいるでしょう。

私がお伝えしたいのは、なんでもかんでも意識して無理矢理やりなさい、ということではありません。**小さなビジネスマナーを積み重ねたその先に、きっと今よりも素敵な景色があるということです。**

昔、空港でアイスクリームを食べて叱られた私も、今は講師の仕事をしています。いろんな失敗をして、その中で学んだマナーは裏切りません。

そのマナーが、いつかあなたの魅力的なスキルの1つになるということを、ちょっとでも知ってもらえたら嬉しいです。

POINT

迷ったらやってみる。
今の行動は、未来の「スキル」につながっている

第3章

誤解やすれ違いを防ぐ

「コミュニケーション・報連相」

20

伝わり方は「トーン」と「スピード」で変わる

自分の話し方を客観的に見てみると……

あなたは、自分の話している姿を見たことはありますか？

プライベートであれば、スマホで録画した姿を見るかもしれませんが、仕事をしている姿、それも自分の話し方を客観的に見る機会はあまりないかと思います。

私は講師の仕事を始めた頃、映像を撮るタイミングがあり、初めてまじまじと自分の話し方を見ました。

そこで、「え！ こんな感じだったの!?」とびっくりした覚えがあります。

私は、どちらかと言うとゆっくり話すほうですが、「これを伝えなければ！」と思うと、つい早口になる傾向があります。また、ゆっくり話すときは落ち着いた低めの声ですが、焦って話すといつもより声が高くなりがちに……。

思っていたイメージとは違う話し方をしている自分に、とても驚きました。

話の内容にばかり意識が向いて、自分の話し方、つまり相手への伝わり方を何も気にしていなかったのだと気づきました。

「トーン」と「スピード」がカギ

「話し方」を整えると、相手への伝わり方が変わります。

話し方に意識を向けるのは、ビジネスをするうえで大切なマナーです。

では、具体的に何に意識を向けるのかというと、「声の高さ（トーン）」と「話す速さ（スピード）」です。

知り合いのAさんから、こんな悩みを相談されたことがあります。

「第一印象で、やる気がないと思われることがあるんですよね……」

実際のAさんは、一緒に仕事をしていても、一歩先を読んで相手に喜ばれる気遣いができる方です。

それなのに、どうしてやる気がなく見えてしまうのか。

Aさんと過ごしていて感じたのは、「声の抑揚が少なく、低めの声かつ常に一定のスピードで話していることが原因かもしれない」ということです。

声の高さ（トーン）と話す速さ（スピード）には、それぞれメリットとデメリットがあります。

声のトーンが高い

メリット　明るさや歓迎が相手に伝わりやすい

デメリット　少し軽く聞こえてしまうこともある

声のトーンが低い

メリット　落ち着いた印象に見え、言葉に厚みを出すことができる

デメリット　感情が見えづらく、暗い印象を与えることがある

話すスピードが速い

メリット 情報量が多く、頭の回転が速い人という印象を与える

デメリット 声が聞き取りづらかったり、ペースが合わない人には内容が伝わりづらいことも。緊張している人に見える傾向もある

話すスピードがゆっくり

メリット 安心感を与えられ、しっかりと伝わるので聞き返されることが少ない

デメリット ずっと一定のスピードだと、やる気を感じられなかったり、相手が急いているときは、イラッとさせてしまう恐れがある

話す内容は同じでも、トーンとスピードが変わるだけで違う印象を与えます。

Aさんも、低めの声や一定のスピードを、場面によって変えていくことで、「やる気がない」印象を覆せるように感じます。

相手にどんな印象を与えたい？

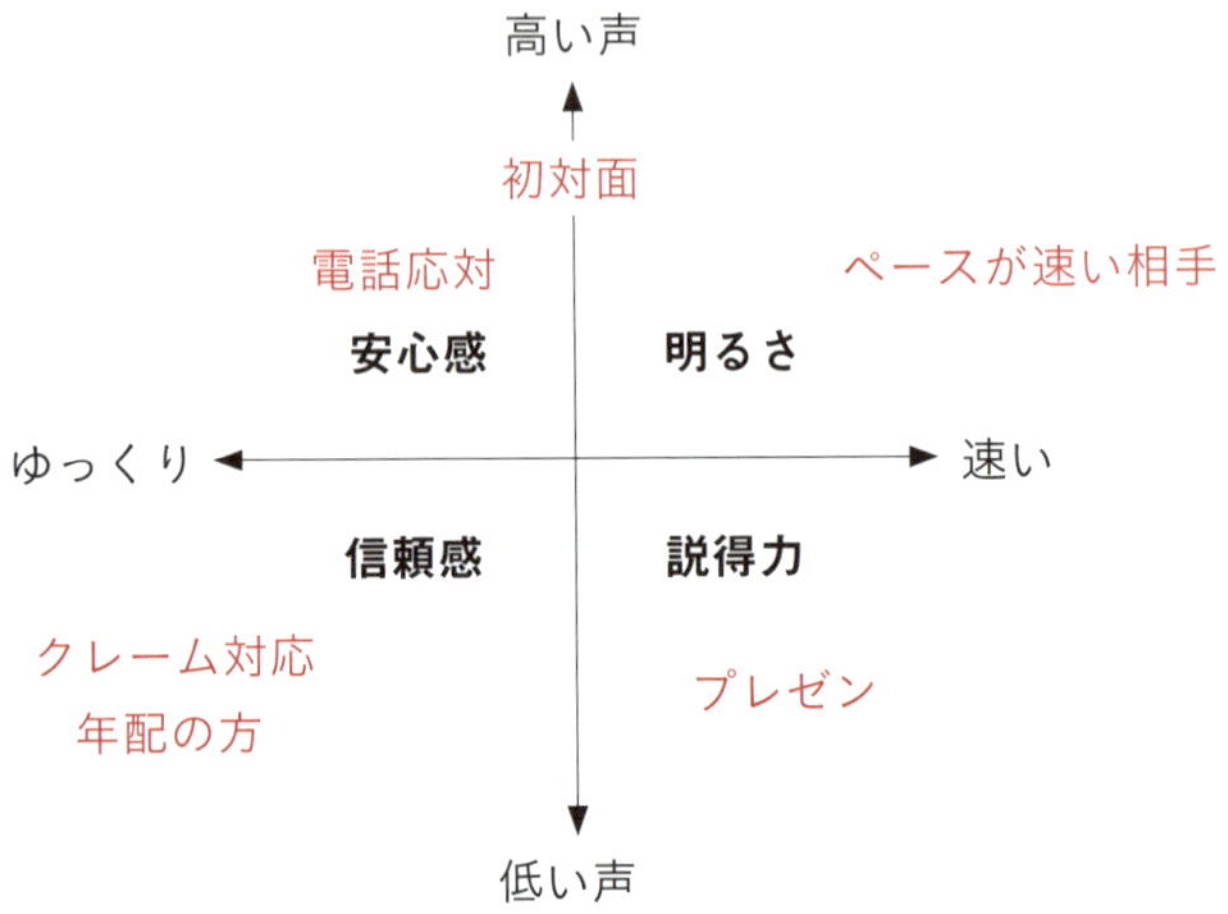

場面に合わせて切り替える

声はもともと備わったもので、そう簡単に変えられないと思うかもしれません。でも、低めの声の人も、意識すれば高いトーンを出すことはできます。

例えば、初対面や挨拶の場で、一緒に喜ぶときは、意識して高い声に切り替えると、気持ちが伝わりやすくなります。

また、あえてトーンを変えることで、メリハリを持たせることができます。

逆に、高い声の人は、シリアスな場面では深刻さが伝わらず、軽く考えているように誤解されがちです。

そんなときは、低めの声を意識して話すことが大事になってきます。

チーフパーサー（その便のCAの最高責任者）をしていたとき、クレーム対応を想定して、低めの声で「チーフパーサーの三上と申します。お話を伺ってよろしいでしょうか」と言う練習をしていました。

高い声だと頼りなく感じられ、「あなたが責任者なの？」と思われるからです。

このように、声は場面に応じて使い分けることが大切なのです。

今まで自分の「話し方」を意識してこなかったならば、今日からちょっとだけ意識してみましょう。意識を向けるだけで、その場に応じた声のトーンやスピードに、自然に調整されていくはずです。

さまざまな場面で、自分の思いが相手にしっかり伝わるよう、「話し方」にも気を抜かずにいたいですね。

POINT

話すときには、「トーン」と「スピード」を意識しよう

21

長々と話して、相手の時間を奪っていませんか？

話し方は、誰でも手に入る「スキル」

友人とのおしゃべりは楽しくできるのに、かしこまったビジネスの場では、途端にしどろもどろに……。そんなこともあるかもしれませんね。

しかし、ビジネスで話をするときは、相手の大事な時間をいただいています。

ですから、無駄な時間をかけずに、わかりやすく伝えることは、相手へのマナーでもあるのです。

しかし、どうしたらうまく話せるようになるのでしょう。

私は、もともと人前で話すことにコンプレックスがありましたが、今では人前に立つ講師という仕事をしています。

つまり、話し方は、生まれ持った先天的なものではなく、意識して身につけることができる「スキル」だと断言できます。

これさえ押さえればうまくいく

話し方のスキルを向上するポイントを、3つに絞ってお伝えします。

①結論から話す
②1分で話せるようにまとめる
③語彙（言葉のバリエーション）を増やす

1 結論から話す

これは、**「何を伝えたいのか」「相手に何をしてほしいか」から話す**ということです。

最初に結論を話すことで、わかりやすさが格段に上がります。

たまに時系列で話し始める方がいますが、先の見えない話は相手を疲れさせます。

最終的に何が言いたいのか先に宣言することで、相手はその目的に沿って話を聞く

準備ができるため、話の内容がぐんと伝わりやすくなるのです。

話すことに苦手意識がある人は、まずは普段のおしゃべりから意識していきましょう。

例

「来期の○○イベントで、2つ候補があるので聞いてもらえますか」

「今月中に○○の提案に来てほしいと顧客から依頼がありまして、Aさんのスケジュールを伺いたいのですが……」

2　1分で話せるようにまとめる

ダラダラと無駄な情報が多いと、相手は疲れて最後まで集中力が続きません。

ポイントは、話し始めるときに心の中で「話は1分！」と決めること。

すると、相手にとっていらない情報を削ぎ落とす意識が働き、話が脱線することを防げます。いろんな話題を1分で話す練習をしてみましょう。

3　語彙（言葉のバリエーション）を増やす

語彙や言葉のバリエーションが増えると、話はより伝わりやすくなります。話に抑揚がつき、躍動感も出て、相手を飽きさせません。
例えば、言葉遣いの本をまとめて何冊か読み比べてみると、語彙力も増え、繰り返し学ぶことで身につきます。

使ってみたい言葉をピックアップしたり、話の上手い人の使っている言葉をメモしたり、常日頃からバリエーションを増やすように心がけるといいでしょう。

ビジネスシーンにおいて、話す相手は実にさまざまです。
社内外問わず、役職、年齢、性別など、普段プライベートでは会わないタイプの方とも話さなければなりません。
あなたの話したいことが相手にスムーズに伝われば、お互いストレスなく、関係も良好に築いていけるでしょう。

POINT

「話は1分!」これを習慣にしてみよう

22

聞き上手とは、相槌がうまい人

「相槌」があるだけで会話は進む！

会話が気持ちよく、リズムよく進んでいくためには、何が必要になるでしょう。

それは聞き手の「相槌」だと考えます。話を聞いている人の相槌がうまいと、どんどん話が進んでいくものです。

私も「相手に気持ちよく話してもらいたい」「しっかり話を聞いていると思われたい」という思いから、相槌を声に出してオーバーにしたことがあります。

すると、相手は私の相槌が気になったのか、話を何度もストップさせてしまい、返って話しづらくさせてしまう結果に……。

では、相手の話を遮らない、そして相手が話しやすくなる相槌って、いったいどのようなものなのでしょう。

対面では、無理やり何か言葉を発しなくとも、うなずきながら表情を変化させることで、「聞いてくれている」と安心感を与えることができます。

「相手はどんな気持ちかな？」と想像し、話の内容にあわせて、嬉しい表情、深刻そうな表情、驚いた表情など、相手に寄り添った表情にしていくのがポイントです。「何か言おう」という意識は横に置いて、ただただ受け止めること。これだけで相手は格段と話しやすくなるものです。

「うなずくだけ」の簡単な動作で、会話が気持ちよく進むなんて不思議ですよね。

「聞く」と「考える」を同時進行しない

話を聞くときは、どうしても自分の価値観でジャッジしながら聞いてしまうものです。「それは同意だな」「私はそう思わないな」など。

ただ、そうすると相手の話の真意を掴めなかったり、すぐさま自分の話にすり替えたりしてしまいます。

ビジネスでは、まず相手を理解することが第一条件です。自分の考えはひとまず横に置いて、話の内容を理解することに努めましょう。


私も、聞き方の研修で受講生の立場だったとき、「三上さんは聞いているようで、違うことを考えているように見えるのですが、いかがですか？」と講師の方にフィードバックされたことがありました。

確かに、話を聞きながら、次はどんな質問をしようかなと考えていたのです。心を読まれたと思ってびっくりしました。

そのときは、「『聞くこと』と『考えること』を同時にすると、どちらも疎かになりますよ」とアドバイスをもらいました。

まずはただ受け止める。ジャッジをしない。自分の意見は、相手の話が完全に終わってから（もしくは求められてから）。

ここに集中することで、話に合った、自然に寄り添う相槌が見えてくるものです。

上手な相槌のポイント

いくつかの相槌を使い分けると、会話はよりスムーズに進みます。

相槌を打つ際のうなずき方や表情、言葉など、ポイントをお伝えするので、状況に合わせて使ってみてください。

1 相槌の速さ（首の動かし方）

楽しい話 早め、小刻み、相手の話のスピード感と合わせる

深刻な話 ゆっくり、深め（もうちょっとゆっくり話してほしいときにも有効）

2 表情のつけ方

同意を求めている話 話のポイントでニコッとしながら

悩み事 相手の表情と合わせる。過度に心配そうな顔はしない

3 言葉

ラフなシーン 「うん」「えー」「そう」「わあ」「へえ」「ふーん」など

ビジネスシーン 「はい」「ええ」「そうですか」など

無理に言葉を足すのが難しいようであれば、頷きと表情に集中します。徐々に言葉のバリエーションを増やしていきましょう。

なお、驚いたときは「うそ⁉」という否定形よりも、「本当ですか⁉」といった肯定形のほうが感じよく見えますよ。

POINT

「相槌」は会話に欠かせない。バリエーションを増やして使い分けよう

23

「雑談」に面白い話は必要ない

雑談は「お礼」から入るといい

雑談する際、「何か面白い気の利いたことを言わなきゃ！」と思いがちです。

しかし、雑談の目的はその場の空気を温めること。もっと気軽なものでいいんです。相手に対して配慮があることが伝われば、それで十分です。

基本的に、「お礼」や「質問」から入ると、失敗がないでしょう。

例えば、「お礼」の場合、

「お忙しい時期に、お時間をいただきありがとうございます」

「先日は、詳しくご要望をお知らせくださりありがとうございます」

「御社のサービス○○の資料をお送りいただきありがとうございます」

など、始めにお礼を伝えることで、それに関連した話が続くことはよくあります。

また「ありがとう」と言われると、相手も気持ちがいいもの。和やかな雰囲気のまま雑談がつながれば、あなたの印象もよくなるでしょう。

質問すると、話は盛り上がる

さらに、ちょっとした「質問」は、話が広がるきっかけになります。

1　会社のホームページの情報から質問する

「幕張で展示会をされたんですね。一般の人も入場できるんですか？」

「〇〇のボランティアもされているんですね。何かきっかけはあったんですか？」

あらかじめ相手のホームページやSNSをチェックしおきます。

1つの情報に対して、簡単な質問をすると会話がスムーズに進みます。

2　訪問して気になったことを質問する

「ビルの1階のお店、行列ができていました。行かれたことはありますか？」

「〇〇のオブジェがいくつかおありですが、お仕事との関連があるのですか？」

初めての訪問先では、気になったことを質問するのもおすすめです。

例えば、最寄り駅周辺で賑わっているお店の話題、訪問先のビルの話やそこから見える景色、オフィスの素敵なところ、オブジェや貼ってある標語、理念についてなど、聞いてみるといいでしょう。

雑談の中で、仕事につながるような、新たな情報をいただけることもあります。

3 相手の近況を質問する

「今は〇〇でお忙しい時期でしょうか？」

「もうすぐ〇〇の季節ですが、お休みはありますか？」

このように、相手の近況を聞くのもいいでしょう。

「最近どうですか？」と広く聞くと、話好きの方にはいいですが、どう答えよう？と困る方もいるので、まずはイエス・ノーで答えられる質問が安心です。

あまり考えずに話せる話題が、相手にも負担がなくいいでしょう。

「自分から」発信してみよう

雑談は、自分から発信することで、相手も話しやすくなるものです。

「聞き上手」は大事ですが、話が始まるきっかけがなければ、ただの沈黙で終わってしまいます。相手に合わせなくちゃと深く考えすぎず、自分の背景、考え、好み、弱みなど、どんどん口にしてみましょう。

少しラフな印象もありますが、次のような雑談の始め方もありますので、参考までに読んでみてください。

1 自分のプチ悩み

「最近、夜早めに寝てもなかなか朝起きれなくて……。○○さんは、目覚まし時計はお使いになりますか？」

「最近20代の後輩と共通の話題を見つけるのが大変で……、△△という歌が流行ってるというのも全然知らなかったんです」

2 連続休暇前後など

「混雑は覚悟で実家の札幌に帰りました。どこか行かれましたか？」

「どこも混んでいるので近所のサウナに行きました。○○おすすめです」

3 自分の好み、ハマってること

「最近サラダにハマっていて、ドレッシングでおすすめがあったら教えてください」

「近所の体育館でバドミントンをしているんです。運動はされますか？」

4 家族構成の話（相手の家族状況を見極めてから）

「受験生がいるので、家で騒げなくて気を遣ってます」

「息子がサッカーをしているので、応援で日焼け対策が大変です」

POINT

雑談はお互い楽しむことが大事。「お礼」や「質問」を入口にしてみよう

24

「報告」は、相手が知りたいことを優先する

報連相は「タイミング」がキモ

報告・連絡・相談は、ビジネスでとても重要なコミュニケーションです。内容はもちろんですが、それと同等に伝えるタイミングも大事になります。

CAをしていた頃、そのタイミングを見計らうのが、とても難しく感じていました。なぜなら、飛行機は常に状況が変わります。特に離陸3分後と着陸8分前は「クリティカル11」と言われ、最も事故が発生しやすい時間と言われています。

この時間帯は、コックピット内はもちろん、客室のCAも、特に注意しなければならないことが増えます。安全最優先で、報告内容は今すべきことなのか、もう少しあとがいいのかを瞬時に判断しなければなりません。

飛行機と状況は違うかもしれませんが、オフィスでも上司や先輩の様子を見て、「今忙しそうだなあ」「機嫌が悪そうだなあ」と察しながら、どのタイミングがベストなのかを判断していく必要があります。

まずは、上司を観察して、どのタイミングが一番スムーズなのか知ることです。

トイレに行ったあとや休憩後は話を聞いてもらいやすい、会議の前後は忙しそう、朝いちは機嫌が悪い……など、観察するとわかってくることがあります。

声をかけるときは、**「今大丈夫でしょうか？」**とひと言配慮を見せるだけで、大きく印象が変わります。

緊急の場合は、最初のひと声を工夫し、**「〇〇の件で急ぎのご報告です」**など、なるべくスムーズに聞いてもらえるような声かけをしてみましょう。

報告は3ステップで伝える

報告は、「何の報告か」「結果」「対処」の3ステップで行います。

この順番で話していくと、相手にとってわかりやすい報告になります。

何の報告か　「新製品Aの営業結果をご報告します」

結果　「B地区では10件目標に対して8件決定、4件見込みとなっております」

対処　「競合のC社との比較表で、再度見込みのお客様にアプローチします」

何の報告か　「明後日がAの納期締め切りですが、問題が発生しました」

結果　「取引先に送った変更連絡を担当者が把握しておらず、1週間遅れるとのことです」

対処　「かけ合って、○日までには仕上げてもらえるよう交渉します」

「事実」と「主観」を分けて伝える

伝える際のポイントは、聞き手が一度で理解できるように、一文を長々話さないこと。「、」が多くならないように意識して、短く区切って話しましょう。

また、話すときに「事実」と「主観」が混同することがよくあります。

相手は、事実によって自分の取る行動を計画するため、まずは「事実」を伝えるこ

とを優先しましょう。

ただし、あなたの考えも参考情報の1つになるので、事実を話し終えたあとに伝えるといいでしょう。

「私はこう思うのですが」「ここからは私の考えですが」というフレーズを添えて、ここからが「主観」だと伝わるような言い回しで伝えます。

「報告」というだけでドキドキしますが、初めから完璧にできなくても大丈夫。うまくできなくても「次回はこうしてみよう」と振り返り、どうやったらうまくできるか自分なりのやり方を見つけていきましょう。

失敗しても、改善点が把握できれば、必ずコツを掴めるようになりますよ。

POINT

報告は3ステップでテンポよく。
タイミングも大事な要素！

25

「連絡」から信頼は生まれる

そもそも「誰に」連絡すればいい？

連絡上手な人には、情報も協力者も集まってきます。

そして、仕事をスムーズに進めるには、マナーを押さえて連絡することが大事です。

「誰に」「どんな内容を」「いつ」するのかが、ポイントになります。

まず、「誰に」するのか。

連絡には、決まった業務の連絡はもちろんですが、「念のため知らせたほうがいい連絡」というものがあります。

この連絡があるだけで、仕事のスムーズさは格段に上がります。

念のため知らせたほうがいい相手を決める際には、自分の目には見えていないけれど、影で動いてくれた人のことも想像することが必要です。

○この仕事は間違えやすいな
→念のために【部内の関係者】に周知しておこう

○A社の担当者○○さんは几帳面な方だから、△の件、明日確認の電話がくるかも
→自分が不在でも対応できるように、念のため【課内の人】に伝えておこう

○至急手配してもらった製品、お礼の連絡をしないと
→業務の主任にかけ合ったけれど、手配してくれたのは裏で動いてくれた方だから、【業務スタッフ】の方にもお礼の連絡をしておこう

「こんなことがあったら困るよな」「こんな連絡があったら助かるよな」など、想像力を働かせて、一歩先の連絡ができると、相手からも喜ばれるでしょう。

連絡こそ最大のリスクヘッジ

次に、「どんな内容を」連絡するべきなのか。

業務連絡は、基本的には事実に基づいたことを送りますが、自ら状況を判断した気のきく連絡も意識してみましょう。

1 相手を心配させない連絡

○「当社の都合で恐れ入りますが、方針会議ののちに稟議にあげますので、お返事は○月○日以降になります」

○「来週は台風の影響が考えられますが、キャンセルの場合は、○日午前中までにご連絡いたします」

2 気をつけたほうがいいことを知らせる連絡

○「取引先のA社に対しては、○○の話題は▲の理由で今はNGですので、念のためお知らせします」

○ＯＪＴで私が教育担当したＢさんに関して、フォローしてほしい点を配属先の上司に知らせておこう

3 モチベーションに関わる連絡

○新サービスが取引先に喜ばれた！　関わってくれた全ての人に伝えておこう

どれも連絡があるとないでは、その先の状況が変わりそうです。

ないと困る連絡はもちろんですが、「あったほうがいい」という連絡にも気を配れたらいいですね。

気がきく連絡は「いつ」が大事

「いつ」どんなタイミングで、連絡をするのがよいか。

それは、わかった時点というのが基本ですが、相手の立場になって、どのタイミングがよいかを見極めることも大事です。

○金曜日の終業時頃に仕事の依頼をしたら、休み中気にさせてしまうかな
↓週明けでも間に合うから来週月曜の午後に連絡しよう

○今度初めて取引するA社の方、顔合わせでの打合せの日程はまだ先
↓でも、その後すぐにお願いしたいことがあるから、余裕を持ってお願い事項だけは先にメールで伝えておこう

急ぎではない連絡は、後回しにして忘れてしまいがちです。それを防ぐためには、連絡ノートやメモを作り、一括管理しておくことをおすすめします。

いろんなところに書いておくと忘れてしまうので、連絡事項は1つに集約すると、ヌケ・モレを防げます。

POINT

「誰に」「どんな内容を」「いつ」するのか。
一括管理してまとめよう

26

「相談」は、準備が9割！

3つの視点で整理しよう

相談は、よりよい答えを導き出し、最善の選択をするために行うものです。相談することで、よい解決策が生まれたり、突破口が見つかったり、大事に至らずに済んだりします。

ただ、相手に相談内容を丸投げしたり、自分で考えていない印象では、協力してもらえない可能性もあるでしょう。

そうならないために大切なことは、準備段階での「整理」です。

どう整理するのがいいのか、3つの視点を詳しくお伝えします。

1「相談内容」を整理

どんな相談をしたいのか、明確にすることです。

そのために最低限伝えるべきことは、**「何に困っているのか」「その背景」「どの部分に意見をもらいたいか」**です。詳しい意見をもらいたいのであれば、自分で調べた資料も一緒に用意すると伝わりやすくなります。

「いつ」「どこ」「何」「誰」など、具体的な名称を出すことも重要です。

2「自分の考え」を整理

プライベートと違って、ビジネスの相談では、**相談内容と一緒に「自分の考え」も用意することが基本**です。自分がどうしたいか、何に迷っているのかを、しっかり伝えることで、より相手も的確なアドバイスができます。

3「伝える順番」を整理

1、2をまとめたうえで、次は、どんな順番で話すか整理します。

理想の順番は、**「○○の件」→「困っていること」→「その背景」→「意見を聞きたい部**

分」→「自分の考え」という流れです。

順番を考えている時間がないとしても、行き当たりばったりで説明し出すと、話があちこちに飛んでわかりづらくなり、かえって時間がかかります。

結果として同じ内容を伝えるにしても、伝える順番はとても大事です。

〇〇の件　「〇月のイベント案の件でご相談です」

困っていること　「「私の考えた案は、予算がオーバーしそうなんです」

その背景　「イベントのテーマは『今までにないインパクト』でして、これは他でまだやっていない！という案を思いつきました」

自分の考え&意見を聞きたい部分　「予算がオーバーしたとしても、それを上回る今回のイベント案のメリットをまとめてみたのですが、私の考えが及んでいないデメリットについて、ご意見いただけますでしょうか」

「最初のひと言」を工夫する

「ちょっと今いいですか〜?」でなんとなく始まる相談には、相手もなんとなくの答えしか出せないでしょう。できる限り簡潔に、相談のテーマを伝えたほうが、相手も始めに趣旨を理解できます。

例えば、**「○○の件でご相談したいのですが、今ご都合いかがでしょうか?」「△△をすべきかどうかご相談したいのですが、今お時間ありますでしょうか?」**とアポイントを取りましょう。

相手もこれから相談される心の準備ができ、話をしっかり聞いてくれるはずです。

また、相談する際は、相手から聞かされそうな質問をまとめておくといいでしょう。

「こっちと何が違うの?」「なぜそう考えたの?」など、質問されそうな部分を事前に予想して、自分なりの答えを考えておくと、ドギマギせずに相談できます。

意外とこの部分が抜けている方は多くいます。ここまで準備することで、相談はよりスムーズに進みます。

「相談」と「報告」はワンセット

相談したあとに忘れがちなのが、その後の報告です。

相談に乗った側は、「結局あれはどうなったのかな?」と心配しているものです。でも、相談した側は、喉元を過ぎるとすっかり忘れてしまい、結果を伝えることを疎かにしがちです。

どんな結果であれ、必ず報告とお礼を伝えるようにしましょう。

「○○さんに相談に乗っていただいた△の件ですが、おかげさまでこうなりました」

「今回は先方の事情が変わりこのような結果でしたが、私にない視点で勉強になりました。違うケースでやってみます」

信頼関係を損なわないように、相手から聞かれる前に必ず結果報告をしましょう。

POINT

相談は準備で決まる!
内容をしっかり整理してから相談する

27 ヌケやモレのない、「仕事の指示」の受け方

これでヌケ・モレを防げる！

私たちの仕事は、誰かからの指示で始まることが多くあります。その指示を理解し、的確に仕事を進めるためには、正しいコミュニケーションが必要です。

指示を受ける際のコツを確認していきましょう。

1 呼ばれたらはっきりと返事をする

大きな返事が聞こえると、とても気持ちがいいものです。でも、咄嗟に声をかけられると、顔を向けるのが精一杯だったり、声を出さずうなずくだけになることも。

どんなときでも、指示を受けたら、まず「はい！」と返事をしましょう。

上司は、声を出して返事をしない人に対して、「仕事を受けるのが嫌なのかな?」「やる気がないのかな?」と、あまりいい印象を持ちません。

お互いに前向きなスタートが切れると、その先もスムーズにいくものです。

2 必ずメモを取る

上司のもとに行く際は、メモと筆記用具を忘れずに持っていきましょう。

5W3H(いつ・どこで・誰が・何を・なぜ・どのように・いくら・いくつ)を埋める意識で話を聞くと、ヌケ・モレや思い込みが防げます。

数字や人の名前は、大事なキーワードになるので必ずメモしましょう。

3 質問は最後にまとめて

若手の頃、指示の途中で質問したら「今からそれは言うから」と言われたことがありました。途中で遮ってしまうと、上司も言おうとしたことを忘れてしまいます。

話が終わったあとに、「恐れ入ります、2点確認してもよろしいでしょうか」と質問するのがベストです。

4　復唱確認をする

上司の立場からすると、復唱してくれると「ちゃんと伝わっている」と安心できます。もし認識がずれている部分があっても、そこで気づくことができます。

自分にとっても、頭の中が整理できて、段取りが見えてくることもあります。

5　不安な部分はしっかり確認

もし不安な部分があったら、その場で確認しましょう。

上司も忙しいので、無意識に説明を割愛していることがあります。

例えば、**「念のための確認ですが、ホチキス留めはして、カラーの部分は白黒でも問題ないですか」**など、上司も確認してもらえると助かるものです。

また、先の状況を想像して、

「こちらは、午後の出先に持って行く資料でしょうか？　人数分封筒に入れて準備しましょうか？」などの気遣いは、とても喜ばれます。

指示の内容を頭の中でイメージすることで、見えてくるものがあるでしょう。

指示をメモするときのポイント

上司の指示を受ける際には、以下のように「5W 3H」を埋める意識で聞くと、ヌケやモレを防げます。あとから何度も確認して、上司に余計な時間を取らせないことにもつながります。

5W3H	例
いつ（When）	時期・納期
どこで（Where）	場所（集合場所・行先・会議室など）
誰が（Who）	担当者・責任者・取引先、お客様
何を（What）	仕事の内容
なぜ（Why）	仕事の目的・背景
どのように（How）	仕事の進め方など
いくら（How much）	予算・価格など
いくつ（How many）	数量・人数

6 途中経過を伝えるときに、再度確認

指示がコロコロ変わる場合は、「この方向性で進めてよろしいでしょうか?」と確認をし、途中経過を知らせましょう。

ビジネスでは、すぐに「これで決定」とならないこともたくさんあります。**指示を受けたあとも、心配なときには、途中で何度か確認することをおすすめします。**

また、指示した内容を忘れている上司もいます。「言った」「言わない」の議論にならないためにも、前述の「メモ」が大事になります。

もし相違があった場合は、「〇日のメモに、このように書いているのですが……」と、確認させてもらう口調で伝えてみましょう。

相手の勘違いという場合も多くありますので、困ったら確認をして、時間も労力も無駄なく進めていきましょう。

POINT

スタート地点が大事。
「メモ」と「復唱」で行き違いは減る!

第4章

効率化を後押しする

「リモートワークの基本」

28

リモートワークの仕事の進め方

前もって決めておくことが大事

リモートワークには、メリットがたくさんあります。

通勤時間がなくなる、時間を区切って柔軟に働ける、一人で集中しやすい、電話応対に時間を取られないで済む等々。

でも、そのメリットを活かすには、「デメリット対策」をしっかり行うことが重要です。効率的に仕事を進めるうえで、この対策は欠かせません。

まず、デメリットとして挙げられるのが「コミュニケーション不足」です。

対策として、上司やチームメンバーとタイミングや頻度、手段など、コミュニケーションの仕方を、前もって相談しておくと安心です。

リモートワークのメリットとデメリット

【リモートワークのメリット】

・通勤時間がなくなる
・居住エリアの自由度が増す
・天候による交通機関への影響を心配しないでいい
・柔軟に計画を立てて働ける（通院や子どもの行事など、私用で丸一日休みを取らなくても済む）
・仕事中に話しかけられないので集中する時間が取りやすい
・会議室不要でこまめにミーティングが設定できる

【企業としてのメリット】

・デジタル化が進む
・通勤費削減
・オフィス規模が小さくて済む（コスト削減）
・育児や介護をしながらも働いてもらえる（人材確保）

【リモートワークのデメリット】

・相手の状況がわかりづらい
・微妙な反応が掴みづらい（「不快」なのか「真剣」なのかなど）
・初対面の方の「人となり」が掴みづらい
・ちょっとした相談がしづらい、孤独を感じやすい
・会議の進行がしづらい
・家族の生活音が気になる
・プライベートとの境がなくなりやすい
・長時間労働になりやすい

【企業としてのデメリット】

・セキュリティが甘くなる（会社の人以外が情報に触れる可能性）

例えば、**「毎週○曜日の△時」など、上司との時間をあらかじめ予約**して、計画を立てることも必要でしょう。

また、重要だけど緊急でない連絡は、リモートワークではさらに後回しになりがちです。いつ伝えるべきか、その都度判断しながら進めましょう。

少し複雑な相談をする場合は、テキストでは理解に行き違いが生まれたり、作成に時間がかかるため、できる限り電話（もしくは対面）をおすすめします。事前に、チャットで話すタイミングを上司に確認しましょう。

なお、記録に残しておきたい内容は、チャットよりもメールのほうが管理しやすいため、**何をどの手段で伝えるか、事前に決めごとを作っておく**と後々慌てません。

「追伸」で近況報告をする

リモートワークをしていると、どうしても個々の存在感が薄くなりがちです。そのため、なるべく自分から積極的に、情報を開示することを心がけます。

○自分のその日の予定や目標を、上司やメンバーに知らせておく

○その日の終わりに、成果や改善点を報告する

こうすると、周りから評価やアドバイスももらいやすくなります。

ただ、メールでの連絡が中心になると、だんだん心が殺伐としてきたり、孤独を感じやすくなることもあるでしょう。

そこで、私がおすすめしたいのは、メールの最後に「追伸」としてメッセージを残す方法です。

毎回送るとお互い負担になるので、三回に一回くらいの頻度がいいと思います。

「行き詰まったとき、自分でドリップしたコーヒーを飲んだら頭が冴えました！」

「最近温度差が激しく、体調管理で朝ストレッチを始めました！」

「前に先輩に教えてもらったお店へ行きました。特に○○が美味しかったです！」

このように、仕事だけでなく自分の近況も発信することで、相手もコミュニケーションが取りやすくなるはずです。

社会人として気を抜かない

リモートワークをしていると、仕事とプライベートの境目がなくなりがちです。しかし、就業時間通りに仕事を進めることは、社会人として生活リズムを崩さないためにも大切です。

リモートワークだからこそ、時間管理を疎かにしてはなりません。**誰かに連絡をする際も、基本的に就業時間内にするのがマナーです。**

なお、一番注意したいことは、セキュリティ関係です。

自分一人の空間で、他の社員の目がないと、PCやデータの扱いがずさんになる恐れがあります。書類の紛失や話す内容にも、十分気をつけてください。

リモートワークを行ううえで、会社のルールや方針があるはずなので、必ず確認しておきましょう。

POINT

対面のときよりも、もっと自分から積極的にコミュニケーションを図ろう

29 「オンライン」ならではのマナーを押さえる

普段の1.5倍の笑顔で

オンラインでは、感情の機微や何を考えているかなど、お互いに真意が伝わりづらい側面があります。なるべく誤解をしない・されないために、画面越しだからこそのコミュニケーションのコツを確認しましょう。

まず、始まりが肝心です。**最初の挨拶は、大げさなぐらいの笑顔**でちょうどよく伝わります。目安は、いつもの1.5倍くらいです。

声のトーンは、歓迎が伝わるよう、**ドレミファソラシドの「ソ」の音の高さ**で声を発します。機械を通すと、自分が思っているよりも声がこもって聞こえるため、滑舌よく、ハキハキと話すことを心がけます。

社内の人　「おはようございます！　今日もよろしくお願いします」

面識ある社外の人　「お世話になっております！　本日はどうぞよろしくお願いいいたします」

初対面の社外の人　「初めまして！　〇〇社の田中と申します。どうぞよろしくお願いいいたします」

口角が下がると、ふてくされているように見えるので注意します。**口は軽く閉じ口角を横に引くと、機嫌がよく見えて、相手を安心させることができます。**

視線は、相手から見て目線が合うようにすると安心感があり、自信も伝わります。**特に大事な話をするときは、画面ではなく、カメラ目線で話しましょう。**

「うなずき」は基本マナー

オンラインに関わらず、コミュニケーションで大切なのは、聞いていることが伝わるように、話にしっかり反応することです。

オンラインでは、小さな動きだと見えづらいので、ちょっと大げさなくらいうなずきましょう。特に複数人の場合は、相槌の声を出すと話が被ったりしますので、動作で見せることが必要です。

オンラインでは、「うなずく」ことが最重要のマナーであると感じます。

私自身、主催者としてオンライン研修を行う際に、みんながお地蔵さんのように動かないと、「ちゃんと伝わっているのかな……」と心配になることがあります。

以前、話を聞くときはしっかりうなずいて、驚いたときにはのけぞってくれる受講生の方がいました。その方のおかげで、話は盛り上がり、さらにプラスの情報をお伝えすることができました。**反応してくれるだけで、話し手はスムーズに話すことができ、いい雰囲気で進めることができるのです。**

実は、そんな私にも聞く側として失敗したことがあります。

話を聞くのに集中しすぎて、うなずくのを忘れてしまったのです。

そのとき「三上さん、聞こえてますか?」と心配されてしまいました。ネット環境でフリーズしてしまったと思われていたようです……。

そうならないためにも、適度なリアクションは大事です。

「自分はどう映っている？」に敏感になる

あわせて、周りの環境を整えることも大切です。例えば、表情がよく見えるようにリングライトを買うなど。数千円位のものでも、機能はしっかり果たします。

また、カメラの角度も大事です。**自分の目線と並行になる位置に角度を調整することで、見下ろしていたり、自信のない表情に見えることを防げます。**

できれば、ＰＣの高さや角度が調整できる専用台があるといいですが、箱や雑誌の上に安定するように置ければそれでも十分です。

自分が映っている画面を見ながら、どう見えているか調整しましょう。

POINT

表情、視線、発声、リアクションは、大げさくらいがちょうどいい

30 失敗しない「オンライン会議」への臨み方

これで驚くほどスムーズに進む!

オンラインでの会議は、急速に普及し、定着しました。対面でのコミュニケーションとは違う、画面越しでの気遣いやオンライン独自の基本マナーを確認していきましょう。

1 会議前の準備

システムの動作確認

さまざまなオンラインツールがありますが、初めて使用するシステムは、事前に動作確認をしておきます。当日初めて確認して設定が間に合わなかった……、とならないように、**遅くとも前日までには確認**することをおすすめします。

ただ、前もって動作確認をしても、当日不具合が出る恐れがあります。

不慣れなシステムの場合は、万が一のことを考え、**代替の連絡方法を事前にお知らせしておく**と安心です。

自宅から参加する際の確認事項

社外の人がいる場合、また社内でも普段接点がない人や、役職が高い方がいる場合は、次の点に注意します。

○自宅のインターフォンの音、電話の音などボリュームを調整しておく

○ペットは部屋に入ってこられないようにする

○バーチャル背景は会社指定のもの、使用しないときはプライベートなものが映り込まないようにする

○服装があまりにもラフだと緊張感がなく見えるので、相手が身内であっても、職場に行くときと大きく変わらない服装を心がける

入室のタイミング

開始時間までに入室していれば問題ありませんが、あまりに早く入室すると入室メッセージが主催者に届き、慌てさせてしまう可能性があります。

また大勢の会議は、一斉に入室すると入室許可が立て込むので、**5分前くらいがいいでしょう。**5分前に入っておけば、音声トラブルにも対処しやすくなります。

2 会議中の注意点

カメラはON

話し手の立場からすると、映像で相手の顔が見えると、反応が読み取れて安心できます。ですから、**基本はカメラをON**にしましょう。

話を聞く側としても、自分が画面に映っていないと、つい他のことに対処してしまうものです。映ることで適度な緊張感を保つことができ、話に集中できます。

なお、**通信状況が悪い場合は、その旨を知らせたうえでOFF**にします。

また、**離席する場合は、チャットに「離席します」と断りを入れてから離れる**ようにしましょう。

名前を表示

名前を正しく表示します。

特に初対面で名前の読み方がわからないと、話を振ることができません。漢字では読み方がわからない場合もあるので、**カタカナ表記だと問いかける側は助かります。**背景に、自分の名刺をバーチャル表示しておくのもいいでしょう。

音声は基本的にミュート

ミュートにしておかないと、キーボード音や書類をめくる音など、環境音をマイクが拾い、他の参加者にそれが聞こえてしまいます。**発言後や休憩時など、必ずミュートにしましょう。**

発言する際のポイント

音声のラグが発生するので、相手と話が被ってしまうことがあります。適度な「間」を入れながら話しましょう。

また、**発言する際には手を挙げて、サインを送る**のもいいでしょう。

話が終わったら「以上です」と言い、話が終了したことを伝えるとよりスムーズに進みます。

聞き取りやすく話す

機械を通すと、声はこもりやすくなります。

お腹に力を入れて声を前に出し、口も大きく開けて発声しましょう。ゆっくりめに話すことで、より聞き取りやすくなるでしょう。

POINT

オンラインでも、相手を不安にさせない「思いやり」の視点が大事

31

主催者は、「目的」を事前に共有しよう

会議の成功は、準備で決まる！

オンライン会議に参加したことがあっても、いざ主催者側になると緊張しますよね。オンラインでの会議や勉強会をスムーズに運営するためには、事前準備や参加者への配慮が欠かせません。

「スムーズに進んでよかった」「参加した甲斐があった」と、メンバーに思ってもらえるように、気をつけるポイントをお伝えします。

1 事前準備

開催3日前までには、主催する会の詳しい内容をメールで送ります。

その際は、日時やタイトル、ミーティングURLだけでなく、当日の参加者や議題についても、事前に連絡しましょう。当日にも、リマインドメール（予定を再周知するための連絡）があると行き違いが防げます。

参加者の周知

「どんな立場の人が」「どのような目的で」参加するのか、事前に知らせておくと安心です。各々の立場がわからないと、「この話はここでしていいのだろうか？」と対面以上に迷わせてしまうことがあるからです。

特に人数が多い場合は、オンライン上で自己紹介をしても、すんなり関係性が頭に入ってこないもの。スムーズな進行をするためにも、事前にみんなに周知しておくことが大事になります。

議題の共有

オンラインでは、その場で議題を発表すると、特定の人しか話さない状況になりがちです。**事前に会議の「目的」や「ゴール」を共有し、できる限り全員に意見をもらう**

旨を知らせておきましょう。

なお、意見が出しづらそうなメンバーには、事前にメールで、下地になる意見を送ってもらうといいでしょう。当日は、それに基づいて質問したり、深掘りをすると、みんなが参加しやすいと思います。

また、開始時刻だけでなく、タイムスケジュールも事前に共有しておくと、集中した対話につながります。時間が押すことも防げるでしょう。

共有する情報やデータの準備

共有する情報やデータを事前に準備し、すぐに投影できるように用意します。想定外の質問に備えて、関連書類もピックアップしておきたいですね。

また、今何を話しているか迷子になる参加者もいるので、発言内容をホワイトボード機能にメモしていくと、みんなで議論を深めやすくなります。

言葉だけでは伝わりにくいこともありますので、実際に小さいホワイトボードを用意しておき、カメラに映してコミュニケーションを取るのもおすすめです。

会議の案内メールの例

開催日の3日前までに、参加者へ会議の詳細をメールします。日時やURLだけではなく、会議の目的やゴール、参加者の立場を共有することで、有意義な会議になります。

件名：【ご準備のお願い】6/1 来期○○取り組み内容決定会議

各位

お疲れ様です。○○部の△です。
Web 会議の詳細が決定しましたのでお知らせいたします。

・日時：6月1日（水）10:00-11:30
・会議目的：○○部来期○○向上策内容について
・会議内のゴール：具体的な取り組み策を2つ選定する

会議の目的やゴールを事前に共有する

【参加者】
担当ファシリテーター：佐藤さん
責任者：田中部長
参加者：○○部メンバー
オブザーバー：広報 小島さん（今回の取り組みをHPでPRする目的）

各参加者の役割や、参加する目的も周知する

（ミーティングURLなど貼り付け）

参加メンバー全員に取り組み案を当日発表していただきますので、ご準備をお願いします。
発表方法やタイムスケジュールなど詳細は別紙を添付します。不明な点は担当○○までお知らせください。

2 当日の運営のやり方

当日進める際にも、主催者としてスムーズな進行を目指しましょう。

発言のタイミング

「誰から話す？」とお見合い状態になったときは、主催者側が順番に声をかけて発言を促しましょう。これまで私が主催したオンライン研修では、手は挙げにくいけれど、指名されれば何かしら話をしてくれる人が多い印象です。

以前には「本当は発言したいけれど、手を挙げるジェスチャーをすることにも躊躇します」と話してくれた新人の方がいました。

発言しやすい雰囲気を作るため、始める前に主催者側が、**「いつでも手を挙げて発言してもらって大丈夫です」**とひと言伝えるだけでも違います。

なお、なるべく発言に偏りが出ないよう、ファシリテーター（調整者）がいることは重要です。

誰がどれくらい発言したか、メモに取っておくとわかりやすいでしょう。

スムーズに進めるためにも、身内側であらかじめ進行役や自己紹介の順番、進め方の打合せをしっかりしておきましょう。

質問のタイミング

「質問するタイミングがわからない」という悩みは多いようです。

そこで、主催者側が事前に、

「質問はチャットで随時受け付けています」

「質問は、終了15分前から時間を設けておりますので、メモにまとめておいていただけますか」など、周知しておきましょう。

すると、主催者側も心の準備ができるので、嫌な中断をすることなく、メリハリの効いたよい会を運営することができます。

3 事後のフォロー

主催者として、終わったあとにフォロー体制があると参加者も安心です。

○お礼とともに議事録をメールで送る
○時間が足りなくなってしまった場合は、質問を受け付ける

といったフォローがあると、参加者のモヤモヤした部分を解消することにつながります。

POINT

事前準備はなるべく細部まで詰める。それが当日に必ず活きる

第5章

社内外で失礼にならない

「メール・文書作成」

32

「メール」と「電話」をどう使い分ける？

「とりあえずメール」で本当に大丈夫？

マナー研修で「メールと電話のどちらを使うか基準はありますか？」と質問されることが多くあります。

メールは便利なので万能だと思いがちですが、実際はどうなのでしょう。

迷ったときは、メールのメリットとデメリットを整理することで、使い分けの判断がしやすくなります。

メールのメリット

○ こちらのタイミングで送れる

○何度も書き直して熟考できる
○記録に残せる
○図表やデータなどが送れる
○多人数に同時に送ることができる　など

メールのデメリット

○相手が読んでいる、もしくは届いているとは限らない
○感情が伝わりづらく一方的になりやすい
○作成に時間がかかることがある　など

こう見ると、基本的にメールのほうが使い勝手がいいように感じられますね。ただ、デメリットを考えると、次のような場面では、メールを送るときに配慮が必要でしょう。

○急な変更や無理なお願い

○重要、深刻な内容
○お詫びなど感情がらみの話
○第三者が客観的に見たときに、特定の人の中傷に見える内容
○相手の返答により調整が必要な込み入った話

これらの場合、電話や対面のコミュニケーションを選ぶか、メールにプラスして電話や対面でフォローを入れたほうが、行き違いが防げます。

文章はどうしても感情が伝わりづらく、一方的に見えてしまうことがあります。さらに、配慮や気遣いの言葉を加えると長文になりやすく、読み飛ばしが発生しやすいものです。メールの特徴を理解したうえで、「本当にメールでいいのか」を判断しましょう。

状況に合わせて選択しよう

従来までは、「電話のほうが丁寧」という考え方が主流でした。

確かに、電話では相手の反応や理解度を確認しながら、コミュニケーションを取る

ことができます。しかし昨今、「人の時間に割り込むのは悪いからメールのほうがいい」と考える人が多くなっている印象です。

メールは自分のペースで開くことができ、送る側も自分のペースで内容を練ってから送れるので、お互いにとって便利さがあるのです。

とは言え、考え方は世代や性格によって人それぞれ。

中には電話を好む人もいます。メールでもいい内容なのに、相手がいつも電話をしてきたら、「電話のほうが使いやすい」と思っているのかもしれません。

このような場合は、仕事をスムーズに運ぶために、相手に合わせて電話で連絡を取るというのも1つの手です。

しかし、もしあなたが電話ばかりの連絡を負担に感じるならば、次のようにこちらの要望を伝えてもいいでしょう。

「出先など移動が多く、電話をすぐにかけ直せず申し訳ありません。ご用件を簡単でいいのでメールしていただければ、早めにお返事ができます」

自分のスタンスを相手に伝えることは、長くよい関係を続けるために悪いことではありません。

メールも電話も、ビジネスでは欠かせない必須ツールです。

どうしたらお互いに気持ちよく仕事ができるのかを考えながら、その状況における最善の選択ができるといいですね。

POINT

メールを最大限に活用するためには、状況に応じた選択が大事

33 「ビジネスメール」の基本マナー

「社内メール」と「社外メール」の違い

社内メールと社外メール、どちらにおいても大切なのが、相手へのマナーをしっかり押さえることです。1つでもマナーが欠けると、相手はそれだけで違和感を覚えます。**逆を言えば、最低限のマナーを守ってさえいれば、社会人として相手と対等な関係を築くことができるのです。**

それを踏まえたうえで、それぞれのポイントをみていきましょう。

社内メールは、全体的に少しラフでも問題ありません。

社外メールでは、紙の文書のような格式ばった挨拶は必要ありませんが、丁寧な言葉遣いや挨拶、言い回しに、一定の配慮があることが大切です。

1 言葉遣い

社内メールは、「です」「ます」でいいでしょう。社外メールは、「お願いいたします」「○○でございます」など、よりかしこまった文体を使います。

2 宛名・敬称

社内メール

敬称は基本的に「さん」でいいでしょう。他部署の場合は、「田中課長」のように、役職をつけて送ります。

社外メール

初めてのやりとりの場合は、「会社名・部署名・役職名・氏名（フルネーム）・様」で送ります。「（株）」など略すのはNGです。

その後のやりとりは、相手の返信に合わせ、例えば苗字だけの宛名を送ってきたなら、こちらも「○○様」で問題ないでしょう。

メールの基本フォーマット

■社内メール例

敬称は基本的に「さん」でOK。他部署の場合は、役職をつける

●●課 田中課長

お疲れ様です。▲課の鈴木です。

●●課と▲課の情報共有のためにスレッドを立ち上げました。
今後、■に関するご相談・情報共有・依頼などについてこちらのスレッドを活用くださいませ。

よろしくお願いします。

****

▲課 ○○担当 鈴木一郎

■社外メール例

二度目以降は会社名や部署を省いてもOK

役職がわかる場合はつけたほうが丁寧。「鈴木課長」でもOK。名前の後の役職は敬称の役割をするので「鈴木課長様」はNG 。「殿」は基本的に目下の人への敬称

株式会社 ABC
営業部 課長 鈴木 進 様

いつもお世話になっております。▲株式会社の田中でございます。

来週の打ち合わせにつきまして、あらためてご連絡させていただきます。

日時：●月●日（金）15 時～
場所：弊社
内容：来期○○の概要決定

私共は担当課長伊藤が同席し、私、田中と鈴木計 3 名でお迎えいたします。ご足労いただき恐縮ではございますが、何卒どうぞよろしくお願いいたします。

▲株式会社 ○○ 部 ■チーム
田中 友子
〒 169-0000　東京都中央区大手町● - ● - ● ABC ビル
電話：03-3200-0000　E-mail：t.tanaka@nippon.com

もし、担当者がわからない場合は「会社名・部署・ご担当者様」で送ります。

専門職の人には、「様」ではなく、「先生」としてもいい場合があります。

3 最初の挨拶

社内メール

社外向けのような丁寧すぎる挨拶はいりません。

「お疲れ様です。総務課の伊藤です」

「おはようございます。伊藤です」

会社によっては、「お疲れ様」は不要という独自のルールもありますので、周りの人のメールに合わせるといいでしょう。

社外メール

しっかり丁寧な挨拶を心がけます。

通常の場合　「いつもお世話になっております。株式会社〇〇の伊藤でございます」

初めての場合　「突然のご連絡失礼いたします。私、株式会社〇〇の伊藤と申します」「〇〇様のご紹介で初めてメールをお送りいたします」

連絡が空いた場合
「大変ご無沙汰しております、お変わりございませんでしょうか」

連続する場合
「度々恐れ入ります」「五月雨式にご連絡をし、失礼いたします」

4 締めの挨拶

社内メール

上司や目上の方には、かしこまった文体が好まれます。

同僚の場合
「よろしくお願いします」

上司の場合
「よろしくお願いいたします」

社外メール

どんなメールでも、最後にひと言入れるのがマナーです。

「どうぞよろしくお願いいたします」
「何卒よろしくお願い申し上げます」
「引き続きよろしくお願いいたします」

「何かご不明な点などございましたら、お気軽にお知らせくださいませ」
「気になるところがあれば、ご遠慮なくお問い合わせくださいませ」

5 添付ファイル

社内メール

添付ファイルを送付する場合、添付するデータの容量は3メガ以内にします。制限に引っかかり届かないことがあるからです。超える場合は、ファイル便を使いましょう。

社外メール

同じく容量に気をつけます。さらに重要な書類の場合はパスワードを付け、パスワードは別のメールでお知らせします。添付ファイルを間違った相手に送ってしまっても、パスワードを別送する際に、間違いに気づける可能性が高いからです。

POINT
社内メールも社外メールも、
基本がしっかりしているだけで相手は安心する

34 うっかりミスがなくなる！メール作成の手順

気軽だからこそ慎重に！

メールは便利なビジネスツールです。一方で、1つのミスやマナーの欠如に、便利さ以上の怖さがあります。基本的なマナーはもちろん、ミスをしないために確認するべきチェックポイントをお伝えします。

1 必ず見直す

簡単な返信のときや急いでいるときは、見直さずに送ってしまいがちです。でも、どんなメールでも送ったら取り消すことはできません。ですから、送る前には、必ず最初からもう一度目を通すことが必須です。

文量が多いときや言い回しに迷いがあるときは、少し時間が経ってから見直すことで、間違いに気づきやすくなります。黙読は誤字脱字を発見しにくいので、できれば声に出して読んでみましょう。

特に慎重に送る必要がある内容は、**ＰＣ画面だと気づきにくいこともあるので、プリントアウトをした出力紙でチェックすることをおすすめ**します。

2　誤送信を防ぐコツ

組織として対策を講じている場合は、必ずそれを守ります。

個人としては、**メールを作成する際に、「内容」→「件名」→「宛先（メールアドレス）」の順に入力すること**を心がけましょう。この順番で作成することで、途中で送信してしまったり、見直す前に送ってしまうミスが防げます。

なお、重要なメールに返信する場合、一旦メールとは別のメモ機能などに返信内容を書き、そこでしっかり見直してから、メールに貼り付けるといいでしょう。

「念には念を」という行動が、大きなミスを防ぎます。

3 基本は1つのメールに1つの用件

用件ごとにメールを分けるほうが、ヌケ・モレを防げます。

複数の用件が1つのメールにまたがってしまうと、1つの用件だけに回答し、他を忘れてしまうことがあるからです。

また、受け取った側があとで検索した際に、他の用件がまたがっていると整理しづらいなど、管理に支障が出ることもあります。

4 添付ファイルの気遣い

添付ファイルは、容量を守ったうえで添付する旨を本文に必ず書きましょう。その際に、「個数」と「ファイル名」を忘れずに伝えます。

例 研修関連資料につきまして、計3点を添付いたします。
・投影スライド
・配布テキスト
・終了時アンケート

受け取り側は、本文に記載がないと見逃してしまう可能性があるからです。
また、よくあるのが添付漏れです。文章を見直すときに、ファイルが添付されているか、確認を怠らないようにしましょう。

添付漏れを防ぐために、**メールの本文を書く前に、ファイルを先に添付すること**をおすすめします。

5 「TO」「CC」「BCC」を上手に使い分ける

「TO」

メールを読んで対応してほしい、返事がほしい人の宛先を入力します。

原則一名です。

「CC（Carbon Copyの略）」：複写という意味

メールの内容を共有したい人の宛先を入力します。

CCの人は原則返信をしません。入力されたアドレスは全て見える状態なので、連絡先を知られても問題ない相手同士を入力します。

主に、社内の関係者の情報共有に使います。

また、CCに指定して送信する場合は、本文にもCCで送った人を明記します。

例 佐藤 太郎 様

（CC：担当課長 上田） ※身内にCCで共有する場合は敬称をつけません。

明記がないと返信する際に「送信者のみ」に返信してしまい、共有が漏れることがあるからです。

複数の宛名を書く際は役職の高い順に記載し、それぞれに「様」をつけましょう。役職がない場合は「五十音順です」など気遣いのひと言を添えます。

「BCC（Blind Carbon Copyの略）」：目隠し複写という意味

他の受信者にアドレスが見えないよう連絡したい場合に入力します。

全員のアドレスを知られたくない場合は、自分のアドレスを「TO」に入れ、全員を「BCC」に入れます。

「TO」を空欄にして送ってしまうと、迷惑メールに振り分けられる可能性があるので注意しましょう。

6 愚痴悪口は御法度

どんなメールも、送れば必ず自分にも相手にも履歴が残ります。

知人の話です。苦手な人の愚痴を仲のよい同僚だけに送るつもりが、本人を含め部内の全員に送ってしまったことがあるとのことでした。

すぐにお詫びの電話を苦手な人にしたけれど、今でも気まずい……、と言っていました。

「送ったメールは消せない」を肝に銘じておきましょう。

POINT

気軽だからこそ慎重に！

「念には念を」が一番の秘訣

35 信頼される人は、こんな心配りをしている

ワンランク上のメールは、ここが違う！

メールは、相手が見えない文章だけのコミュニケーション。できる人はそれを前提に、相手の立場に立ってメールのやりとりをしています。

では、できる人のメールには、どんな共通点があるのでしょうか。

1 返事が早い

できる人は、とにかく返信が早いです。だからと言って、適当に返信をしているわけではありません。

内容を読む時間がない場合は、**「メールが届きました。出先なので、帰社しました**

ら内容を確認いたします」など、「届いた」ことだけでも一報をくれます。

メールを送ったのに相手から返事が来ないと、「あれ？　もしかして届いてない？」と心配になったり、「失礼なメールをしてしまった？」と気になってしまいます。

待つ側にとっては、時間が長く感じられるものです。

内容に対しての回答が準備できていなくても、できれば24時間以内に「届きました」と一報を入れることを心がけます。

休暇中や出張中は、不在通知の自動返信メールの設定をしておくといいでしょう。不在理由と不在期間を明確に伝えることで、相手も安心できます。

2 パッと見やすい

できる人のメールは、内容がわかりやすいのが特徴です。

「メールは読ませるものではなく、見せるもの」と、どなたかが言っていたのが印象に残っています。つまり、パッと見て情報が拾いやすいということ。

箇条書きにしたり、太字や記号を使ったり、読み込まなくてもポイントが掴めるように工夫しましょう。

3　件名で内容がわかる

件名の付け方は非常に大事です。

受け取った側が、中身を読まなくても、対応する優先順位を把握できるからです。

ですから、「ご相談です」「お知らせ」だけでは不親切です。

件名は、3ステップで整えましょう。

ステップ① 冒頭に「結論どうしてほしいのか」を書く

件名の冒頭には「結論として、どうしてほしいのか」を書きます。

さらに、【　　】で強調すると視認性が高くなります。

例えば、【ご確認のお願い】【訂正のお願い】【時間変更のご連絡】【資料再送信】【キャンセルのお詫び】など。

ステップ② 次に「年月日、回数」を書く

次に、「年月日、回数」などを打ちます。

例えば、「○月○日（水）」「第5回」「2025年度」など。

ステップ③ 最後に「何の」を書く

最後には、「何の」を書きます。

例えば、「〜会議」「〜説明会」「〜のお打ち合わせ」「A社見積もり」など。

×チラシの件

↓○【校正のお願い】3月展示会案内のチラシ

×定例会義の件

↓○【場所の変更のお知らせ】3／14定例会議

なお、相手からのメールに返信するときは、「Re：」をつけたまま返信します。何に対する返信なのか、わかりやすくするためです。

やりとりする中で、メールの内容が変わったら「Re：」を外し、内容に沿った件名に変えましょう。このひと手間で、メールを受け取った側があとからメールを確認する際に、件名で判断しやすくなります。

4 冷静に「間」をおく

無機質な文字は、そこに感情や声の調子、トーンなどを表現できないばかりに、時として相手の心に相当なダメージを与えてしまいます。

例えば、腹が立って、どうしても相手に何かひと言もの申したいとき、ひとまずメールを送るのは止めましょう。あとから必ず後悔します。

我慢できないときには、一旦宛先は抜いて、メールを書いてみて、送らずに一晩寝かせてみてください。そして、翌日に読み返すと「これは、そのまま送ったらまずいな……」と思うはずです。気が立っているときは、すぐに返信しないこと。

寝かせることで気持ちが冷静になり、フラットなメールが書けるようになります。

POINT
デキる人のメールは、細部までしっかりこだわっている

36

角が立たない「お断りメール」の上手な書き方

断るときの絶妙な伝え方

マナー研修では「お断りのメール」について、多くの質問をいただきます。

ビジネスでは、相手の要望に対して、断らなければいけない場面が必ずあるものです。どうすれば失礼な印象にならないか、迷うことも多いでしょう。

でも、連絡を取らないことには、先へ進めません。

その後の関係を保つためにも、伝えるべきことは伝えつつ、言葉は丁寧に選びたいものです。

まず、大事なのは「**結論がわかるように伝えること**」です。

気を遣い過ぎる言葉は、相手を勘違いさせたり、「これはどっちの意味なんだろう?」と再確認させることにつながり、余計な時間と手間をかけさせます。
失礼にならない配慮は大切ですが、「検討中です」「この条件では難しいかもしれません」といった曖昧な書き方は避けましょう。

クッション言葉からスタートしよう

メールは、表情や声の調子など感情が伝わりにくいので、クッションになる寄り添う言葉からスタートします。

「申し訳ございませんが」
「大変恐縮ではありますが」
「残念ながら」
「せっかくですが」

など、残念に思う気持ちが伝わる表現を心がけます。

始めから「お引き受けいたしかねます」「お断りいたします」と伝えると、突き放した冷たい印象を与えますので、使わないようにします。

依頼をいただいたということは、あなたを信頼してくださっている証拠。**信頼、期待に応えられないことに対して、相手を気遣う言葉を入れるといいでしょう。**

「ありがたいお話なのですが」
「身に余る光栄なことなのですが」
「お引き受けしたい気持ちはあるのですが」
「お役に立てず恐縮ですが」

など、感謝の気持ちを一緒に伝えます。

配慮のひと言が好印象につながる

お断りする際のフレーズをいくつかご紹介します。

「今回は見送らせていただくことになりました」

「今回は」という限定的な言葉で、条件やタイミングの問題で今回はたまたまお断りになったと伝わります。

また、「お断り」という言葉よりも「見送る」という言葉のほうが、柔らかい表現として伝わります。

「ご要望に添えず申し訳ございません」

へりくだる気持ち、お詫びの気持ちが伝わりやすい言葉です。

断る内容の言葉のあとに添えます。相手の扱っているサービスや製品などの提案をお断りするときにも使えます。

「お力になれず申し訳ございません」

相手が特に困っている状況が想像される場合に使います。何とか対応したかった気持ちが同時に伝わるでしょう。

角が立たない表現でもあります。

お断りのメールは今後の関係に影響を与えるため、慎重に内容を考えて送る必要があります。急いで返信するのではなく、少し時間をおいて、失礼な物言いになっていないかを確認してください。

なお、今後もお付き合いのある取引先などは、念のため信頼のおける同僚・上司にチェックしてもらうといいでしょう。

せっかくのご依頼をお断りするのは気が引けますが、礼儀を重んじた書き方をすれば、相手の気分を害することはありません。

むしろ、よい印象を残すこともできます。

さまざまなフレーズを使いこなして、メールの達人になりましょう。

POINT

お断りのメールは慎重に。
フレーズを増やして、より配慮が伝わるように

37 「社内文書」「社外文書」に工夫はいらない

「決まりごと」を守って作れば難しくない！

近年はメールが主流ですが、紙ベースの文書も作成する機会はまだあります。紙ベースの文書は、正式なものとして伝わり、保存され、誰もが履歴を閲覧しやすいというメリットがあります。

次のポイントを押さえながら、作成しましょう。

社内文書

社内文書は、社内に向けて発信されるビジネス文書です。**簡潔に、わかりやすく、効率的に作成することが優先されます。**

社内で同じ体裁で作成することで、誰もが見やすい文書になるでしょう。

○時候の挨拶などは不要

○冒頭から主旨を記載する

○「です」「ます」調で統一するのが一般的

社外文書

顧客や取引先など、社外に向けて発信されるビジネス文書です。**「会社としての意思を示す正式なもの」として発信されるので、礼儀が重んじられます。**

特に、前文で格式のある言葉を記載することで、社内文書よりも丁寧さを伝えます。

○前文に、時候の挨拶が必要

○「でございます」「お願いいたします」など敬体を使う

基本の体裁

○A4サイズ1枚にまとめるのが基本

○紙の文書はメールと異なり、字下げや項目によって右や左、中央に揃える

○最後は、「以上」という言葉で、この紙で完結していることを伝える

基本の構成

文書番号（主に社内文書）

番号を付ける場合は一番上の右端につけ、ファイルで管理をしたときに確認、引き出しやすいようにします。

発信年月日

文書番号の下に記載します。作成日ではなく、その文書が発信される日なので、依頼者に確認を取りましょう。

受信者

発信年月日の一行下、左寄せにします。

文書を受け取る人の「会社名」「部署名」「氏名」の順に記載します。複数人いる場合は「各位」とします。

社内文書の基本フォーマット

①文書番号
②発信年月日
③受信者

人発 5562
令和○年 5 月 1 日

課長各位

人事部長

④発信者
⑤件名

リーダー研修の開催について

⑥主文

　リーダー研修を下記の要領で行いますので、ご出席お願いします。

記　⑦記書き

1. 日　　時　令和○年 9 月 4 日（木）午前 9 時〜午後 5 時
2. 場　　所　本社大会議室
3. 内　　容　「部下育成について」
4. 同封資料　「理想の上司像とは」

なお、研修当日までに同封資料を一読ください。

以上

⑧追記

担当 人事部 鎌田
（内線 901）

⑨担当者

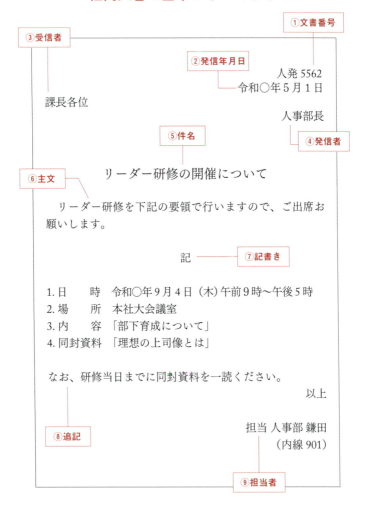

社外文書の基本フォーマット

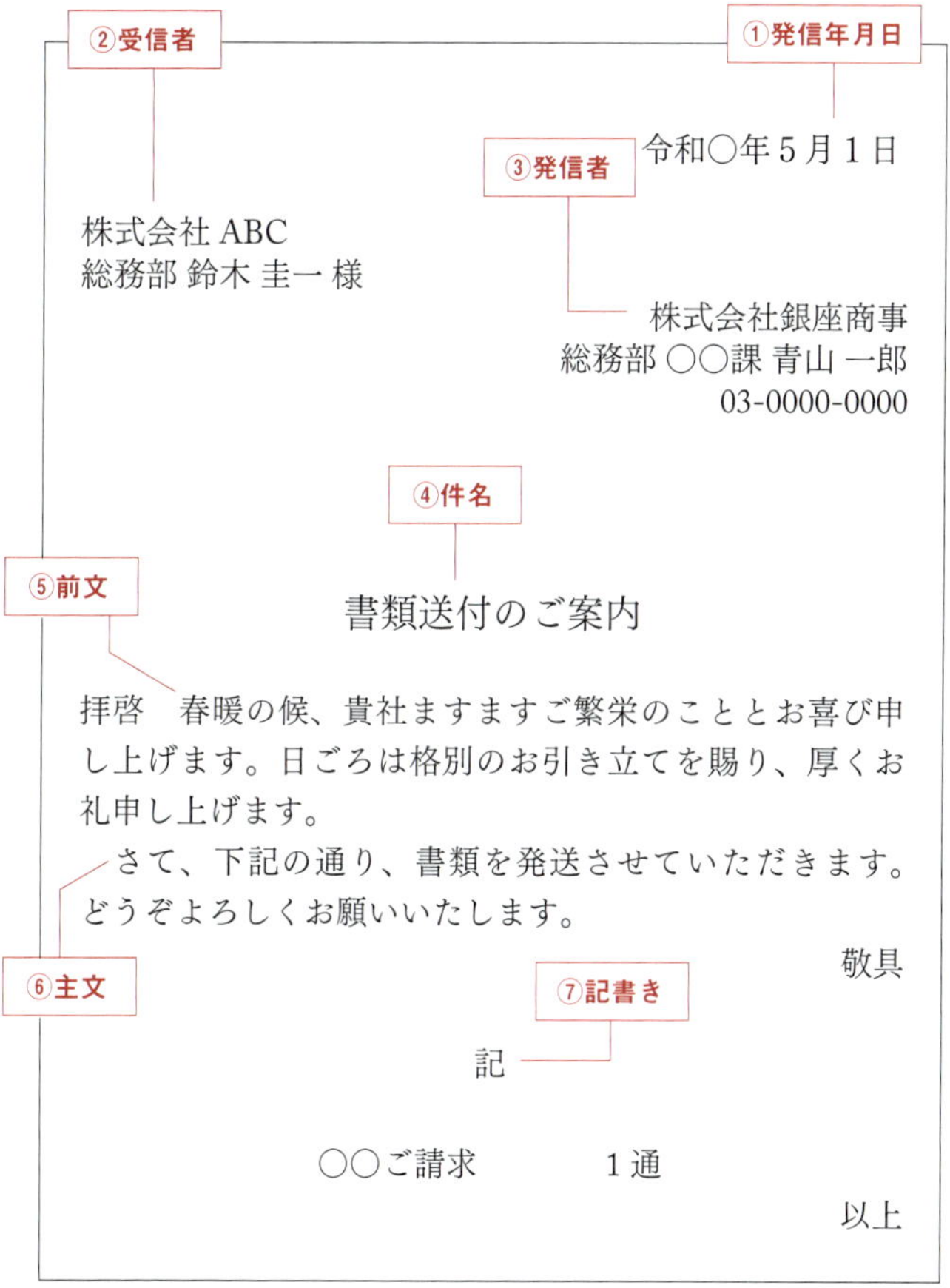

令和○年５月１日

株式会社 ABC
総務部 鈴木 圭一 様

株式会社銀座商事
総務部 ○○課 青山 一郎
03-0000-0000

書類送付のご案内

拝啓　春暖の候、貴社ますますご繁栄のこととお喜び申し上げます。日ごろは格別のお引き立てを賜り、厚くお礼申し上げます。

さて、下記の通り、書類を発送させていただきます。どうぞよろしくお願いいたします。

敬具

記

○○ご請求　１通

以上

発信者

受信者の一行下、右寄せにします。社内であれば「部署」「氏名」「連絡先」を（窓口が他にある場合は、簡略化することもある）。社外であれば「会社名」「部署」「氏名」「連絡先」を記載します。必要に応じて、「所在地」を掲載し、「社印」を押印します。

件名

簡潔に、一目で内容がわかるものにします。一般的に中央寄せにします。

前文（社外文書のみ）

社外文書では、必ず必要です。

前文は、「頭語」「時候の挨拶」「感謝の挨拶」の3つの構成になっています。

「頭語」は、末文の「結語」とセットになります。

「時候の挨拶」は、季節によって適切なものを選びます。

「感謝の挨拶」には、相手の繁栄を喜ぶ言葉や、日頃お世話になっている感謝を伝える言葉を必ず記載します。

前文に使用する言葉

【頭語と結語の組み合わせ】

・一般的な文書：「拝啓」「敬具」
・格式を重んじる文書：「謹啓」「謹言」
・お見舞い状：「前略」「草々」
・返信の文書：「拝復」「敬具」

【時候の挨拶】

［1月］寒冷の候　厳冬の候　［2月］向春の候　梅花の候
［3月］弥生の候　萌芽の候　［4月］春日の候　春暖の候
［5月］新緑の候　緑風の候　［6月］向暑の候　深緑の候
［7月］盛夏　猛暑　［8月］大暑の候（立秋前）　残暑の候（立秋後）
［9月］秋涼の候　爽秋の候　［10月］金風の候　清秋の候
［11月］残菊の候　深冷の候　［12月］師走の候　霜夜の候

【感謝の挨拶】

［相手の会社の繁栄を祝う挨拶］
・「貴社ますますご隆盛のこととお慶び申し上げます」
　ご隆盛＝勢いよく盛んに栄える
・「貴社ますますご清栄のこととお慶び申し上げます」
　ご清栄＝健康や繁栄
・「貴社におかれましてはご発展のこととお慶び申し上げます」
　ご発展＝一層繁栄している
［個人の健康を喜ぶ挨拶］
・「貴殿におかれましてはご清祥のこととお慶び申し上げます」
　ご清祥＝健康で幸せな状態
・「貴殿におかれましてはご健勝のこととお慶び申し上げます」
　ご健勝＝健康ですこやかな状態
［日頃の感謝の挨拶］
・「平素は格別のお引き立てを賜り、厚く御礼申し上げます」
・「平素よりご高配を賜り、誠にありがとうございます」
　ご高配＝相手からの配慮や心配り

主文

前文がある場合は、「さて」「このたび」など、これから本題ということが伝わるよう「起辞」でスタートし強調します。また、一文字分下げてスタートします。一文は長くならないよう、50〜60文字にまとめます。

記書き

重要なことを箇条書きで記載。「以上」で締め、続きがないことを示します。

追記、担当者

追記は、何かお願いことがあれば記載します。発信者とは別に、問い合わせ先を指定する際は、「担当者名」「連絡先」を最後に記載します。

POINT

型にはめて作成すればOK!
工夫やバリエーションは必要なし

第6章

信頼関係を築いていく

「訪問・来客応対」

38

訪問する前から、「配慮」は始まっている

感謝の気持ちを忘れずに

大事な訪問であるほど、「どうやって話をしよう」「あれを伝えなければ」「プレゼンはうまくいくだろうか」と自分側の都合に意識が向いてしまいがちです。

まず心構えとして、相手への感謝を忘れないこと。貴重な時間を割いて、出席者の調整など労力をかけてくれたことに対して、感謝しましょう。

すると、どんな行動や言葉、姿勢が必要なのか、自然と見えてくるはずです。

それでは、訪問する前段階のポイントをお伝えします。

1 候補日時と所有時間を伝える

お伺いすることが決まっている場合、3つくらい候補日時をお知らせします。その際、所要時間の目安も一緒に伝えましょう。

なお、急ぎの内容であれば、その旨も知らせておきます。秘書をしている方のお話で、「急ぎかどうか、もし30分でいいならば、その旨を知らせてもらえたら、優先して予定を入れられる。何も言われないと、1時間取れる日を見つけなければならずだいぶ先になってしまう」と言ってました。「なるべく早くお目にかかりたいので、30分ほどでお時間を取れる日程がございましたら幸いです」など、細かく伝えるといいかもしれません。

2　訪問するメンバーの名前と役職を伝える

人数だけでなく、訪問するメンバーの名前と役職を知らせておきましょう。

人数や役職によって、部屋の準備や挨拶をする上司など、相手は事前に調整が必要になるからです。また、こちらからも人数をお伺いしておきましょう。「資料をご用意いたしますので、ご出席の方の人数をご教示いただけますでしょうか」と確認します。念のため、資料は人数分＋αを用意しておきます。

当日は去り際まで気を抜かない

当日の流れを細かくチェックしていきましょう。

1 到着まで

初めての訪問は、最寄駅に余裕を持って到着し、場所を確実に確認しておきます。

また、鏡を見て身だしなみの最終確認をします。

2 到着後

傘はあらかじめ畳み、コートは脱いでおきます。

受付や入口の内線には、5分前を目安に「挨拶＋約束内容＋名前」を伝えます。

「お世話になっております。14時に人事の佐藤様とお約束をしております、株式会社○○の伊藤です」

近くに椅子があっても、「おかけになってお待ちください」と言われなければ、立って待つのがマナーです。

3 案内時

受付や取り次いでくれた人などに、何かしてもらうごとに「ありがとうございます」「恐れ入ります」とお礼や会釈で感謝の気持ちを伝えます。

廊下ですれ違う人にも、邪魔にならないように頭を下げます。

4 入室後

入室後、カバンは底が汚れているので、椅子の上ではなく足元に置きます。

コートは、カバンの上に裏地を表にして畳んで置きましょう（埃や花粉を持ち込みません、という配慮を伝えます）。

そして、すすめられた席に、浅く腰かけます。

席をすすめられなければ初回は立って待ちましょう（名刺交換をするためです）。初回以降は、入室したら上座に座ってOKです。

5 終了後

帰る際は、訪問した側が先に立ち上がるのがマナーです。迎え入れた側は、訪問した側が立ち上がるまで立てませんので、手際よく書類などを片付けます。

椅子をきちんと両手で戻し、他に動かしたものがあれば部屋を整えます。お茶やお菓子をいただいたあとは、ゴミをソーサーに乗せたり、茶器を片付けやすいように寄せたりするといいでしょう。

ずっとお見送りしてくれているときは、「こちらで失礼します」と訪問した側が気を遣えると、相手も助かります。

最後に、社外での振る舞いにも気を抜かないようにしましょう。伺う会社の近くのカフェで、打合せ内容を大声で話したり、個人情報を含む話題をしゃべったりすることは、もちろんマナー違反です。

POINT

「大切な時間」を作ってくれたことに、心から感謝しよう

お詫びの訪問と手土産の渡し方

お詫びの訪問では、通常とは異なるマナーがいくつかあります。また、訪問時の手土産を渡すタイミングに迷う方も多いです。ポイントをまとめたので、ここで押さえておきましょう。

【お詫びの訪問のポイント】

・白シャツ、ネクタイは無地でグレーやブラウンなど
・座って待つように促されても立って待つ
・背中が丸いと卑屈に見えるので背筋を伸ばす
・飲み物は出されても飲まない
・お詫びは、何に対してお詫びをしているかを明確にする
・お客様の話が終わるまで口を出さない
・先方の話を十分聞いて、許可を得てから説明する
・腕時計を見てはいけない
・相手が和ませるために冗談を言っても笑わない
・何をいつまでに行うか、確認するかを明確に伝える
・手土産を渡すのは謝罪を受け入れてもらえたあと、再度訪問の際がベター

【手土産を渡すタイミングや渡し方】

・お渡し用の袋への詰め替えは、汚れを防ぐため訪問の間際に行う
・渡すタイミングは名刺交換後など挨拶のあと。接待では荷物になるため帰り際
・紙袋から出すのが正式だが、相手が持ち運びやすいよう「紙袋のまま失礼します」と渡す
・「つまらないものですが」よりも「心ばかりの品ですが」がよい
・上司がいる場合は、上司から相手の上席に渡す

39 名刺交換は、情報交換の第一歩

単なる「交換」で済ませない

名刺交換の場は、お互いに情報を共有したり、関係を深めたり、場を温めるとてもいい機会です。思わぬビジネスチャンスが待っていることもあります。

「ただ名刺を交換するだけ」とみくびらず、気を抜かずにいたいですね。

まず、名刺交換の前に「名刺入れ」で損をしないことです。

名刺よりも先に目に入るのが名刺入れです。傷みが激しくないか、型崩れしすぎていないか、ビジネスにマッチした素材や形かなど、チェックしておきましょう。

また、パンパンになっている名刺入れは、相手の名刺を入れっぱなしで、管理されていない印象を受けます。

いただいた名刺は、必ずその都度しっかり管理をしましょう。

どんな動作も迷わずスマートに

名刺は、原則立った状態で渡します。机などを間に挟んでは行わず、訪問した側が相手のいる側に移動して、体面で受け渡すことが基本です。

名刺交換の順番は、訪問した側が先に自分の名刺を差し出すのがマナーです。

名刺の差し出し方

①相手に名刺の文字が向くように差し出す。

②「○○株式会社の△△と申します」と社名と名前を伝え、名刺入れの上に名刺を乗せた状態で、両手で持ちながらお渡しする。

お渡しする位置は、胸の高さから胸の高さにお渡しする（相手が自分よりも低い位置で名刺を差し出してきたら、「恐れ入ります」と敬意を受け取る。会食の乾杯時も同様）。

③お渡しする際の視線は、名刺ではなく、相手の目を見る。

名刺の受け取り方

①「頂戴いたします」というひと言を添えて、必ず両手でいただく。この際に、名刺の文字などに指がかからないように注意。

②「○○様でいらっしゃいますね。よろしくお願いいたします」とお名前を確認。

③いただいた名刺はすぐしまわずに、名刺入れの上に乗せて机の上に置く。このとき、机の左側に置くのが基本。

名刺を同時に交換する方法

また、名刺を同時に交換するときには、次の手順で行うとスムーズです。上のイラストを参考にしてください。

①左手に名刺入れ、右手に自分の名刺を持つ。

②相手の左手にある名刺入れの上にのせる。

③名刺入れを持っている左手で、相手の名刺を受け取る。

名刺を複数人で交換する方法

名刺交換の基本をおさえたら、応用編です。名刺交換をする相手が複数人いる場合の手順を確認しておきましょう。

【複数交換の手順】

①人数分の名刺を名刺入れに挟んで、取り出しやすいようにしておく

②受け取ったら名刺入れの下に置いた指に挟む

③下に下に、と挟んでいくことで役職の高い方の名刺が一番上にくる

【交換する順番】

下図のように、役職が高い順に並ぶ。まずは部長同士が交換して、訪問者側が左に順々にずれていき、目の前の人と交換していく。

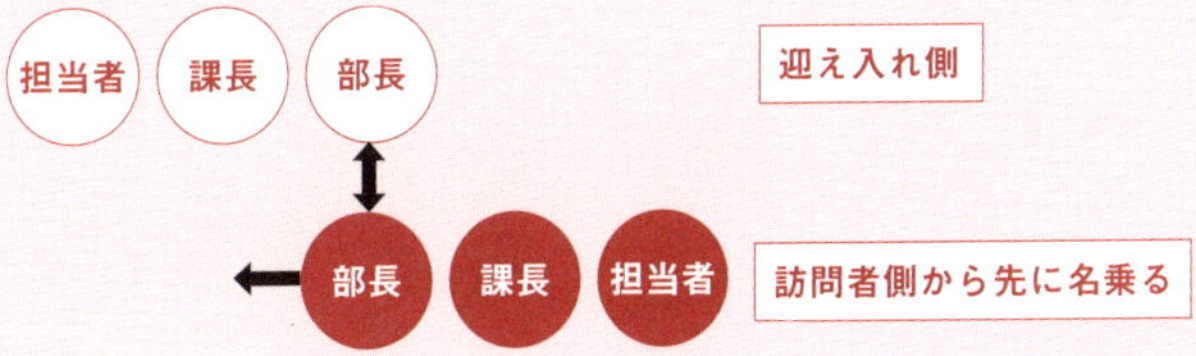

【受け取ったあと】

すぐにしまわず机の上に置く。複数の場合は、相手が座っている順番に並べる（自分に対して正面の位置）。

【名刺のしまい方】

終了時「頂戴します」と呟きながら一枚づつ拾い上げ、名刺入れに入れる。

※名刺をいただけなかった場合、「恐れ入ります、ぜひお名刺をいただきたいのですがよろしいですか」とお伝えする。

名刺は「情報」の宝庫

名刺には、名前、社名、役職、所在地、フレーズ、ロゴ、協賛、色使いなど、さまざまな情報が詰まっています。**気になったところは口に出して雑談につなげると、その場が和やかになり、本題にスムーズに入ることができます。**

雑談につなげるために、似顔絵のイラストを入れている会社もありました。大人数の場合は無理をする必要はありませんが、目に留まったところは、次のように口に出して伝えてみましょう。

「似顔絵とても似ていらっしゃいます！ プロが描かれたのですか？」
「〇〇様の苗字、初めてお会いしました」
「お名刺のデザインが洗練されていて素敵ですね」

もう一度お渡ししてもいい

以前、名刺でこんな気遣いをしていただいたことがあります。

2年くらい前にお会いした方と再会し、失礼にもお名前を失念していました。相手の方は覚えてくださっていて、内心「どうしよう……」と焦っていたのですが、その様子を察してか、**「名刺のデザインが少し変わりましたので」と名刺を再度くださいました。**

そのさりげない心遣いに助けられ、お名前を呼ぶことができました。

私も、久しぶりに会った方にはもう一度名刺をお渡ししよう、と勉強になった出来事でした。名刺は「お久しぶりですね」の挨拶の代わりにもなるのです。

名刺交換は、相手との距離をグッと縮めることができる貴重な機会です。

ぜひ、スムーズなマナーを身につけて、たくさんの方と良好な関係を築いていってください。

POINT

名刺にはたくさんの情報が詰まっている。
話題を見つけて、距離をグッと縮めよう

40

歓迎がしっかり伝わる「お迎え」をしよう

不意の来客、どう対応する？

不意にお客様がいらしたとき、瞬時にあれこれ考えるので、表情が固くなってしまうことがあります。

しかし、訪問する側も緊張していますので、最初に対応してくれた人が困った表情をしていたら、緊張や不安はますます倍増していくでしょう。

まずは、どんな場面でも、どんな人へでも、瞬時に笑顔が出せるように普段から意識しましょう。

あるホスピタリティーの高さで有名な、高級ホテルに出入りしている業者の方から聞いた話です。

「そのホテルではお客様と同じように、取引先の人にも接してくれるんです。私が納品で行ったとき汗をかいていたら、お客様用の高価そうなグラスで、コースターもつけて、笑顔でお水を出してくれたんですよ。そのホテルに裏表がないのを感じ、関わらせてもらえていることがますます嬉しくなりました」

関わる人は全てお客様。お金のやりとりに関係なく、そう思う気持ちは行動に現れ、評判として広まり、結果として信頼へと結びつくものです。

お客様を迎えるスムーズな流れ

お約束しているお客様のお出迎え

「○○様でいらっしゃいますね。お待ちしておりました。ただいまご案内いたしますので、おかけになってお待ちくださいませ」

お約束とおっしゃっている方には、たとえ把握していなくても「お待ちしておりました」という言葉が咄嗟に出るようにしましょう。

お約束ではないお客様のお出迎え

「○○様でいらっしゃいますね。お世話になっております。恐れ入りますがご用件を伺ってもよろしいでしょうか」

↓「承知いたしました。ただいま確認いたしますので、おかけになってお待ちくださいませ」

取次先（担当者）は用件によって会うかを判断します。

お断りする場合を考えて、担当者が在席していても「おります」など明言しないことです。

担当者への取次

お約束があるか、そうでないかを担当者に伝えます。

「○時にお約束のABC株式会社の○様がお見えです」

「お約束ではないのですが、B社の△様が転勤のご挨拶にお見えです」

ご案内

「〇〇様、お待たせいたしました。応接室にご案内いたします。こちらへどうぞ」

お客様の歩くスピードに合わせながら、斜め前の位置で歩くようにします。

また「段差がありますので、お気をつけください」など、慣れない環境に対する配慮の言葉をかけながらご案内すると、気持ちが伝わります。

ドアの開け閉め

3回ノックをして、ドアを開けます。

外開きのドアは自分が開けて支え、お客様に先に入っていただきます。

内開きのドアは「お先に失礼します」と言って、自分が先に入り、ドアを押さえてお客様を招き入れます。

お席のおすすめ

「どうぞ、あちらに（上座を指す）おかけになってお待ちくださいませ」

と声をかけます。

お見送り

お客様が立ち上がってから立ちます。

ビルの中にオフィスがある場合、お見送りは、基本はエレベーターまで（ドアが閉まるまで）でいいでしょう。

どのタイミングにおいても、「笑顔」は忘れずに。

あなたが笑顔でいると、お客様も緊張がほぐれてリラックスできるはずです。

POINT

「笑顔で気持ちよくお迎えする」
これが一番の基本

41 「感謝やおもてなしの言葉」の種類を増やす

いろいろなフレーズを知っておく

先ほどから、「感謝の気持ちを忘れずに」と話してきましたが、気持ちは思っているだけでなく、言葉にして伝えることが大切です。ビジネスで誰かに会うときには、そのシーンにふさわしい「感謝のひと言」があります。

ここでは場面別に、すぐに使える具体的な言葉かけをご紹介していきます。

お客様がお越しくださった場合

わざわざ時間を割いてくれたことに対して、感謝の思いを言葉に込めましょう。

「お待ちしておりました」

「お忙しいところお越しくださいまして、ありがとうございます」

「お暑い中（お寒い中）お越しくださいまして、ありがとうございます」

「遠いところお越しくださいまして、ありがとうございます」

「お足元の悪い中お越しくださいまして、ありがとうございます」

自分が相手先に伺った場合

「お会いしていただきありがとうございます」というお礼の気持ちが、声のトーンや表情で伝わるようにしましょう。

「お時間をいただき恐縮です」

「本日は貴重なお時間をありがとうございます」

「お忙しい中、お時間を作っていただきありがとうございます」

初対面の相手に対して

「初めてお目にかかります」

「ご一緒できるのを楽しみにしておりました」

「○○さんのお話は以前から聞いておりました」

「よろしくご指導ください」

「(知っていたけれど初対面の場合)ぜひお目にかかりたいと思っておりました」

久しぶりにお会いする方に対して

再会の喜びの気持ちを込めて、表現してみましょう。

「お元気そうで何よりです」

「ご活躍は伺っております」

「またお会いできて嬉しいです」

「お忙しいでしょう。うらやましいです」

最近会った方と再会した場合

「先日」のお礼から入りましょう。感謝の気持ちを込めて伝えます。

「先日は、大変貴重なお話、ありがとうございます」

「先日は、○○の件でお世話になりました」

比較的関係性が近い方に対して

思っていないことを言ったり、無理に特別なことを言おうとしないこと。

自分の目に留まったことや、相手が興味関心を持っていそうな話題を、素直に口に出してみましょう。

「昨日の○○の試合、勝ちましたね！　最近△△はしているんですか」

「お洋服の組み合わせが素敵ですね」「○○色お似合いですね」「いつもビシッと決まっていらっしゃいますね」

別れ際

別れ際の印象は、特に心に残るもの。「ありがとう」は何に対しての感謝なのか、具体的に伝えるといいでしょう。

「貴重なお時間をいただき、ありがとうございます」

「貴重なお話をお聞かせいただき、ありがとうございます」

「本日は大変勉強になりました。さっそく○○をいたします」

「またぜひご一緒させてください」

「どうぞお気をつけて」

どんな場面でも感謝の気持ちを忘れなければ、表情や声のトーンは自ずと変わっていくはずです。たくさんの中から出会えたご縁に感謝し、お互いプラスになる前向きな言葉を使っていきたいですね。

すると、あなたの印象も格段によくなっていくはずです。

POINT

レパートリーを増やそう。
実践の中でいろんなフレーズを使ってみよう

42

お茶を正しく出せるのも、仕事の1つ

最近はペットボトルが主流

最近では、お茶出しはペットボトルの会社がほとんどですが、場合によっては器を使うこともあるでしょう。

どちらでも、所作を整えてスムーズに進めなければなりません。

まず、ペッドボトルでお出しする際の注意点をみていきましょう。

常温も用意しておくと喜ばれる

持ち帰ることができるペットボトルは、喜ばれる傾向です。

特に女性は、常温で飲みたい方も多くいるので、冷えたものと常温のもの、どちらがよいか伺うと喜ばれるでしょう。また、冷えているペットボトルには、コースターをひいておくとテーブルが濡れません。

ペットボトルはコップとセットで

基本的には、ラッパ飲みさせないためにコップをお出しします。ガラスのグラスがもちろんいいですが、紙コップでも問題はありません。その際、ペットボトルに紙コップをかぶせると、手で触ったところに紙コップの内部が触れるので気になる方もいるでしょう。

そこで、紙コップはペットボトルの横に添えてお出しします。紙コップに埃が入るのが気になるのであれば、紙コップを2重にしてペットボトルにかぶせます。

器を使ったお茶出しの極意

お盆の上に、お茶を入れたお茶碗と茶托《ちゃたく》を別々に置いて運びます。

茶托にお茶碗を乗せた状態で運ぶと、こぼれた水滴で茶托が濡れるからです。

あわせて、お茶碗の底をふくフキンも持っていきます（お盆を持っている下の指に挟むといいでしょう）。お盆は胸の高さの位置をキープすると、お辞儀をした際にバランスを崩しにくいです。

①片手でお盆を持ちながら、もう一方の手でドアを3回ノックして、「失礼いたします」と声をかけてから入室。ドアは静かに閉める。
②サイドテーブルにお盆を置いて、お茶を出す用意を始める。サイドテーブルがない場合は、「こちらに失礼します」とつぶやき、テーブルの端（下座である入り口側）で用意する。
③お盆の上で、茶托にお茶碗を乗せる。お茶碗の底に水滴が付いていることがあるため、拭いてから乗せる。
④お出しする順番はお客様から先に、上座の順。お客様の右後ろから右側に、「どうぞ」と言葉を添えて両手でお出しする。部屋の状況によってそれが難しいときは「こちらに失礼いたします」「こちらから失礼します」など、話の邪魔をしないように、小さな声で補足する。

⑤お盆を脇に挟み「失礼いたします」と一礼して、速やかに退出。

美味しいものは記憶に残りやすい

ある気心の知れたお取引先に行くと、とても美味しいお茶が出ます。「いつも美味しいです」とお礼を伝えると、「実はお茶を淹れてくれるAさんが、いつもひと手間かけて淹れてくれるので、とても喜ばれることが多いんですよ」と教えてくれました。Aさんにお話を伺うと「子どもの頃から家でやっている通りなので、あまり意識していなかったです」とのこと。

ビジネスでは、お茶を出すこと自体が歓迎を伝えること。

ホテルのラウンジとは違うので、そこまで質は追求しなくてもいいかも知れませんが、お茶が美味しいと、それだけで記憶に残るから不思議なものです。

POINT

たかがお茶出し、されどお茶出し。
丁寧さが伝わると相手の印象にも残る

美味しいお茶の淹れ方

急須でお茶を淹れる際の手順をお伝えします。ポイントを押さえるだけで、誰でもぐっと美味しいお茶が淹れられますので、ぜひ試してみてください。

【お湯の温度】

温度が大事 ！

煎茶は渋みを抑えて旨味を出すには、70度から80度が最適。沸騰してから火を止め、1分後くらいが目安。

どうやって温度を見極める？

○湯気が横に揺れながら上がる

×湯気がかすかに上がる（低すぎる）

×湯気に勢いがある（熱すぎる）

【お茶を淹れる手順】

①茶葉を急須に入れる（一人分ティースプーン1杯）

②茶碗にお湯を注いで温める（8分目）

③茶碗のお湯を急須に入れる

④30秒抽出（※ここが美味しくなるポイント！）

⑤人数分、少しずつ均等に回し注ぐ

43 「席次」を頭に入れて、スムーズな案内を

「誰が」「どの席に」を把握する

座る順番や座る場所のことを「席次」と言います。

ビジネスにおいて、席次にはいくつかの決まりごとがあるため、それを頭に入れておかないとなりません。

なぜ覚える必要があるのか、それはお客様や目上の人を配慮する際に、欠かせないマナーだからです。

もし上司の席にあなたが座っていたら、「ビジネスマナーの基本も知らないなんて……」と思われるでしょう。位置だけでなく、考え方も一緒に押さえておくと、覚えやすくなります。

まず、席次の考え方を押さえましょう。

基本的に、出入り口から遠いほうが「上座（お客様や目上の人が座る席）」になります。

それはなぜか、出入り口は人の出入りが多く、落ち着かない場所でもあるので、「どうぞゆっくりとお過ごしください」という配慮からです。

逆に、出入り口に近い席が「下座（お客様をおもてなしする人が座る席）」です。

入り口付近にいれば、いろいろと気を遣って動きやすいためです。

ただ例外もあります。

例えば、調度品が飾られていたり、窓の外の景観がよい場合は、出入り口側に上座を設定していることもあります。

応接室であれば、三人がけのソファーがあるほうが上座になります。なお、椅子の種類にも順番があり、「①長椅子、②一人用肘かけがある椅子、③背もたれのみの椅子、④背もたれのない椅子」の順番で上座になります。

また、プロジェクターがある場合は、画面を見やすい位置が上座です。

席次に関して社内の取り決めがあれば、確認しておきましょう。

会議室や応接室の席次

基本的に出入り口から遠いほうが「上座」です。しかし、部屋の作りや椅子の種類によって、座る位置が変わることもあります。いくつかパターンを見ていきましょう。

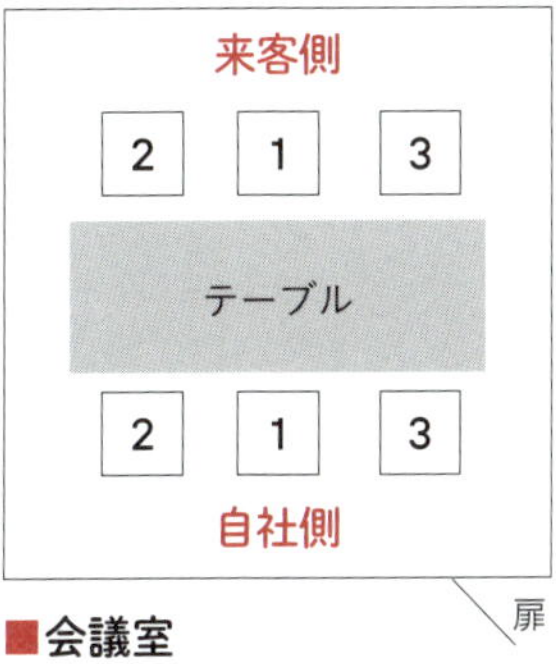

■会議室

対面式の会議室では、原則として出入り口から遠いほうの真ん中が「上座」。テーブルの端であり、出入り口に近くなるほど「下座」。

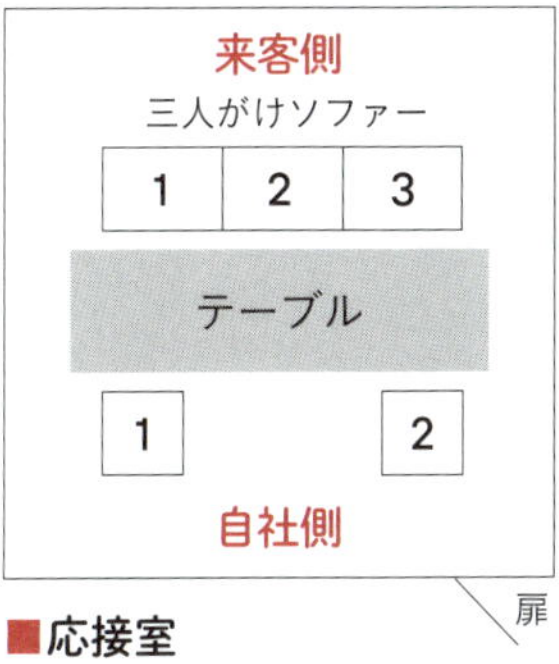

■応接室

三人がけソファーの場合、出入り口から一番遠い位置が「上座」。入口に近づくほど「下座」になる。

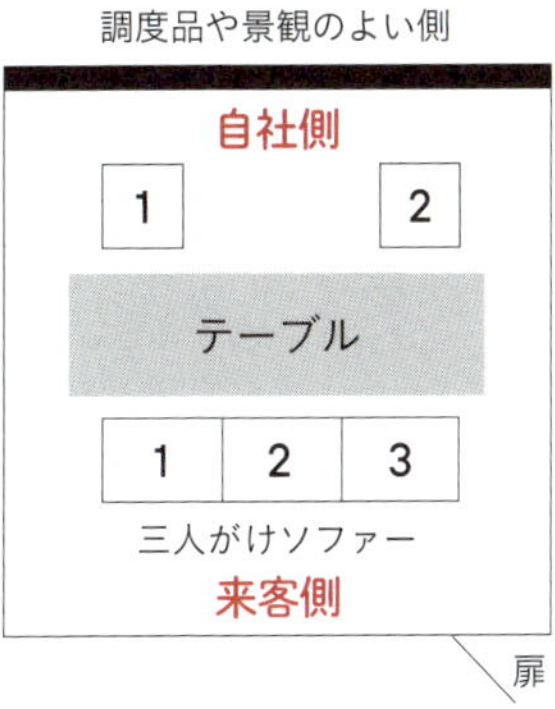

■景観のよい応接室

例外として、眺めのよい出入り口側が「上座」になることも。その際は、三人がけソファーは入口側に配置されていることが多い。

エレベーターやタクシーにも席次はある

エレベーターにも基本の席次はありますが、こだわりすぎると乗り込むのに時間がかかるので、ポイントを押さえましょう。

まず、「空間には先にお客様が入る」という考え方があるので、「乗り込む際に中に人がいれば（操作している人がいれば）目上の方が先に乗る」と覚えます。

乗り込む際に人が誰もいなければ、安全を優先して先に入ります。「お先に失礼します」と会釈をしながら入り、「開」ボタンを押して迎え入れます。

タクシーの場合は、安全な席と言われる「運転席の真後ろ」が上座になります。若手社員は、道案内をしたり、精算をしたりするので助手席に乗ります。

ただ乗り込む際に、奥まで移動するのが大変な場合もあるでしょう。

以前、スカートを履いて手荷物も多かったときに、ある取引先の方が「三上さん、奥まで乗り込むのが大変だと思うので、私が先に乗りますね」と配慮してくださったことがありました。

エレベーターの席次

「左上位」という日本の伝統的な考え方から「左奥」が上座。操作盤が２つある場合は、そのまま「左上位」の上座順になります。

■操作盤が１つの場合

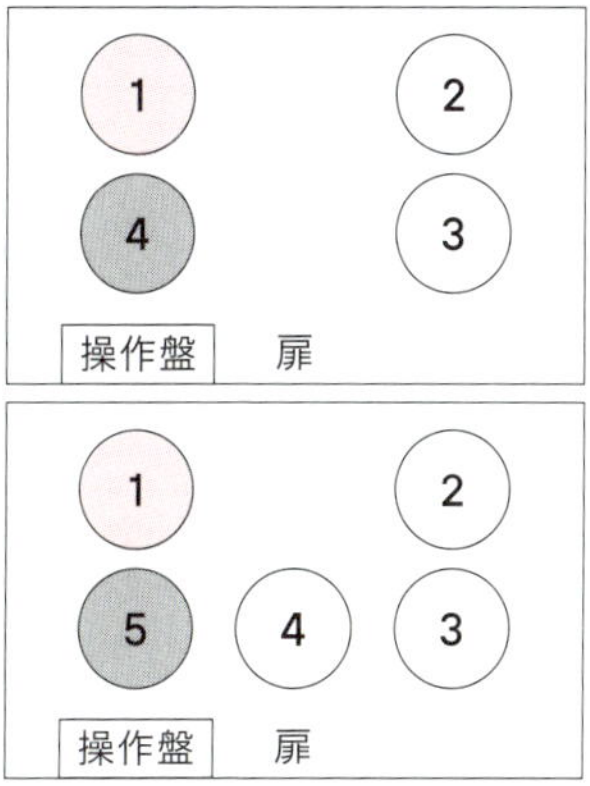

■操作盤が２つの場合

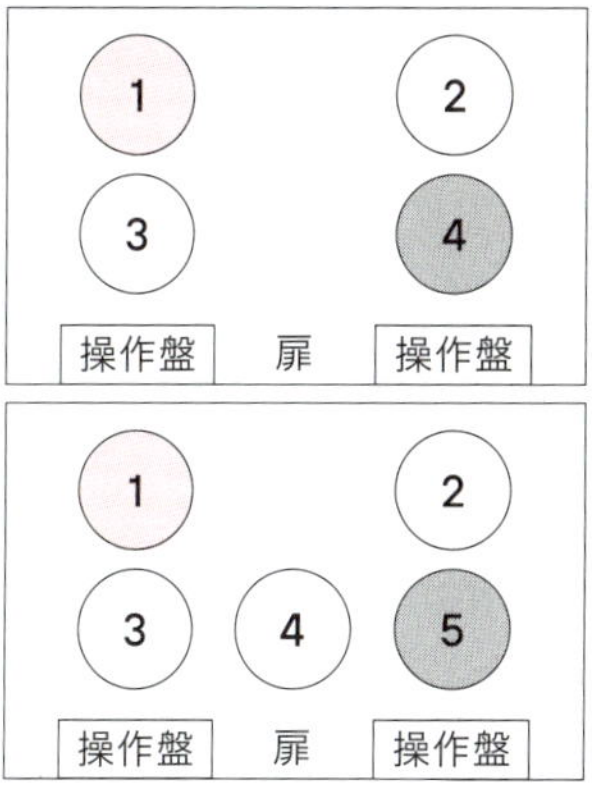

乗り物の席次

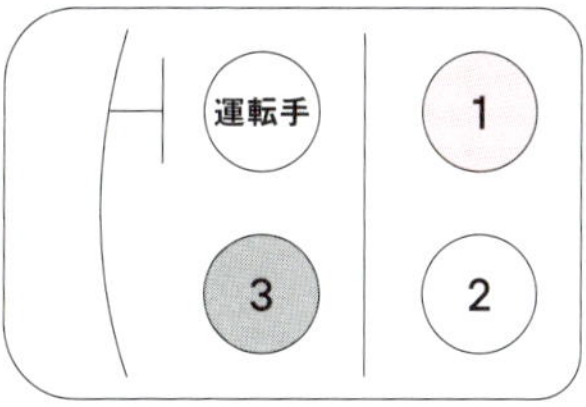

■タクシーの場合

運転手の真後ろが上座、助手席が下座。４人乗る場合、後ろの席は、奥から①③②という順になる。

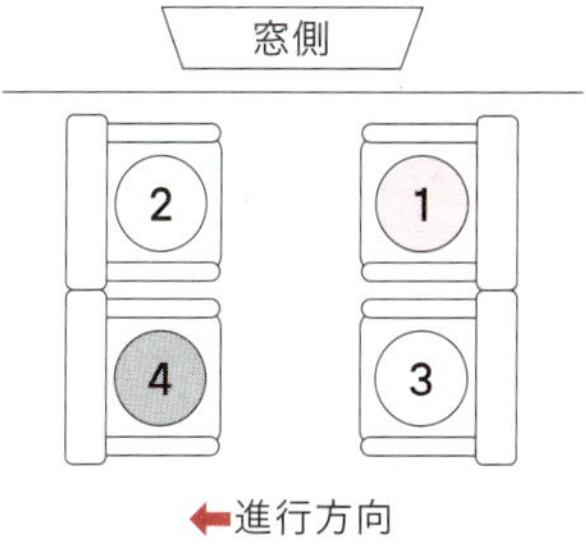

■新幹線の場合

基本的に窓側が上座、通路側が下座。４名のボックス席では、進行方向を向いている窓側が最上席になる。

席次という考え方では間違っているかもしれませんが、その細やかな配慮には、それ以上の気持ちのこもったマナーを感じました。

私自身も手前に乗ることができて、とても助かったのを覚えています。

どんな場面でも配慮の一面を

会食や飲み会でも、「上座は出入り口から遠い座席」という考え方は変わりません。

下座では、注文などお店の人とコミュニケーションを取ります。

ただ、しつらえによっては、少しわかりづらいときもあります。

大事な食事会は、事前に写真で見たり、お店に出向いて確認しておくと安心です。

もしくは当日、スタッフの方に「こちらお客様でございます。ご案内をお願いいたします」とひと声かけ、お店の方に上座に案内してもらうのも1つです。

POINT

基本は「出入り口から一番遠い席が上座」と覚えておこう

第 7 章

人前で恥をかかない

「会食・冠婚葬祭のマナー」

44

有意義な会食のために、幹事がすべきこと

大事なのは「マイナスを感じさせないこと」

ビジネスでは、会食も仕事の一環です。会食のセッティングを頼まれたら、事前準備が何よりも大切になります。

参加者に笑顔で帰っていただくには、何に気をつければいいのでしょう。

それは、**「最初から最後まで、相手がいかに快適に過ごせるか」**という点です。

そのために大事な心得は**「特別なサプライズよりも、マイナスを感じさせないこと」**、これを念頭に置いて準備を進めます。

成功のコツをお伝えする前に、私が実際に聞いたことのある会食での失敗を紹介しましょう。

○豚肉のしゃぶしゃぶ屋さんを選んだら、豚肉を食べられない人がいた
○焼き鳥屋さんのコース料理を選んだが、外国人の方が数名いて、レバーをはじめ、珍しい部位は一切食べることができなかった
○足を怪我している人がいたのに、エレベーターがないビルの中にあるお店を選んでしまった……

こんなことがあるので、相手側の情報収集はもちろん、接待や会食の幹事をしたことがある人、慣れている人に相談することも大事です。

「お店選び」は実際に足を運ぶ

セッティグが上手い人は、成功するためのコツをしっかり押さえています。お店選びでは、次の部分をチェックしましょう。

○参加される方は、食のアレルギーや宗教上禁忌なものがないか
○現地までの道のりがわかりにくくないか

○解散しやすい場所にあるか
○トイレはきれいか（特に女性が多い会は重要）
○座敷の場合は、掘りごたつになっているか（腰が痛い人もいるため）
○お店まではエレベーターで移動できるか（階段が負担になる人もいるため）

素敵なお店であっても、道に迷いそうだったり、帰りの手段をいろいろ考えなくてはならない場所にあったとしたら、楽しみも半減してしまいます。

また、会食場所を選ぶ際は、実際に行って食事をするのが望ましいでしょう。

私自身、ネットだけで選んで失敗した経験があります。

当日行ってみると、スムーズに料理が来なかったり、禁煙のはずが分煙で煙が流れてきたり……。実際に見ないとわからない情報もたくさんあるのです。

また、スタッフの方を味方につけるのも大事な要素です。

事前に食事に行くことが難しければ、現地に足を運び店内を確認したうえで、ス

タッフの方に相談だけでもしてみましょう。

例えば、どの席が落ち着いて話しやすいか、おすすめの料理やお酒、料理の説明はしてもらえるのか、苦手な食べ物に柔軟に対応できるかなど。

「こういう目的の会なんです」「大切なお客様なんです」と事前に伝えておくことで、お店の人も、より気にかけてフォローしてくれます。

当日は、どんな気配りが必要？

大事な会になればなるほど、気にかける部分が増え、幹事の負担も増えます。幹事になるといろんなことを抱え込み、当日予定外の事態が起きるとパニックになってしまうこともあるでしょう。

ただし、一人で背負わないことです。

オーダーをする人、トイレの場所を案内する人、会計をする人、忘れ物がないかチェックする人、手土産を渡す人など、チームで役割分担をすれば、何かあったときにもスムーズに対処できます。

会食の当日に気を配るポイントは、次になります。

○ゲストのグラスが残りわずかになったら、次のドリンクを聞く
○手が汚れるメニューが出たら、替えのおしぼりをお願いする
○アルコール度数の高い飲み物を飲んでいる方には、お水もお渡しする
○食事のペースが落ち着いてきたら、人数分のお水をお願いする
○お手洗いの位置を先に把握して、スムーズに案内できるようにしておく
○終始時間を見ながら終電を気にかけ、お開きの時間も考える
○ゲストには見えないところで会計を済ませる
○手土産は最初に渡すと荷物になるので、帰り際に渡す

相手に快適に過ごしてもらい、「いい会だった」「楽しかった」「有意義な時間だった」と思ってもらえるように、できることを着実にやっていきましょう。

POINT

特別なサプライズよりも、マイナスを感じさせないことが大事

45 接待のお誘いを受けたら、個人で判断しない

常に「会社対会社」の付き合い

接待の目的は、今後の関係性を円滑にすることです。親睦を深めることで、今後の仕事がよりスムーズに進むことを目指します。

あなたも、仕事相手からお誘いを受けることがあるかもしれません。その際に忘れてはいけないのは、常に「会社対会社」の付き合いであるということです。自社のルールを認識したうえで、振る舞いにもマナーを持ちましょう。

まず、取引先から接待のお誘いを受けたら、個人で判断せず、会社レベルで判断することが大切です。

なぜなら、接待の席で仕事に関わる話になったときに、あなただけだと判断できないことも多いからです。

個人的に誘われた場合でも、**「お誘いありがとうございます。上司に確認し、お返事させていただけますでしょうか」**と伝えましょう。

中には「接待は受けない」と方針で決めている会社もあります。

その場合は、**「社の方針で会食をお受けいたしかねますが、今後も変わらぬお付き合いをどうぞよろしくお願いいたします」**と丁寧に伝えます。

お断りになったとしても、最後まで礼儀を忘れないことです。

「何かしてもらおう」という態度は禁物

接待に出席するときに、到着時間が早すぎるのは御法度です。

相手が事前に準備をしてくださっていることもあるので、**「5分前から時間ぴったり」**に行くようにします。

会がスタートしたら、接待を受ける側であっても配慮を心がけます。

例えば、相手が話しやすい話題をこちらから振ってみたり、「一緒に有意義な時間を作っていけたら」という姿勢が大切です。

また、接待される側が、料理の追加注文を自らするのはNGです。すすめられたら失礼のない範囲で、「遠慮する」ことも選択肢の1つに持ちましょう。

ただ、せっかく招待していただいた場ですので、過度な遠慮はしないほうがお互いのためかもしれません。あちらの思いも汲み取って、いい塩梅で「受け入れる」「遠慮する」を選んでいきましょう。

もし、苦手な料理が出てきたら？

苦手な料理をすすめられたときに、「〇〇はちょっと無理なんです」「〇〇は嫌いです」と返すと、「ただの好き嫌い」といった子どもっぽい印象を与えます。

もし、味が苦手というだけなら、私だったら、その場はお気持ちを受け取る意味でいただきます。**どうしても食べるのが難しい場合は、「体調に影響を及ぼす」という伝え方が、この場では相応しいかもしれません。**

お心遣いに対して感謝の気持ちを伝えてから、お断りの言葉をかけましょう。

「お気持ちがとってもありがたいです。○○はアレルギーが出てしまいまして、せっかくご用意してくださったのにすみません」

お礼のメールは翌日朝までに

会が盛り上がり、二次会に誘われることもあると思います。**お誘いを受けるのはいいですが、二次会の席は「割り勘」にする提案をしましょう。**

二次会においても、自分が楽しむためではなく、「互いに親睦を深めるために行く」という目的は忘れないことです。

会が終わったら、その場でお礼を伝えるのはもちろんですが、翌日までに改めてお礼を文章で伝えるのはマナーの1つです。

一昔前は、会食後にお礼状を送ることもありましたが、会食のたびにかしこまったお礼をすることは、現在では少なくなりました。

略儀ですが、メールで構いません。

感謝の気持ちやお店の素晴らしさ、会食でのエピソードを添え、「翌日の朝まで」にメールをお送りしましょう。

丁寧なお礼は、昨日の印象をさらによいものにしてくれます。

POINT

「相手の負担を最小限に」この配慮が心地いい空間を作る

46 新郎新婦を引き立てる「結婚式のマナー」

「おめでとう」の気持ちを伝えよう

上司や先輩、同僚、部下、お取引先の方など、会社関係の人の結婚式に出席する機会もあるでしょう。基本的なマナーは、友人の結婚式に出席する際と同様ですが、**常に会社の看板を背負っている意識は必要**です。

結婚式に招く側は参列者を熟慮して招待しています。その期待に応えるため、なるべく都合を調整して出席しましょう。良好な関係を保つためにも大事なことです。

招待状の返信

招待状が送られてきたら、**なるべく早く、1週間以内**には出席の返信用ハガキを送ります。欠席の場合はどうにか都合をつけようとした意志を伝えるために、**即答よりも1週間程度空けて**から返信するのがよいでしょう。

■**表書き**

宛先の「行」や「宛」を二重線で消し、「様」と書き直す。

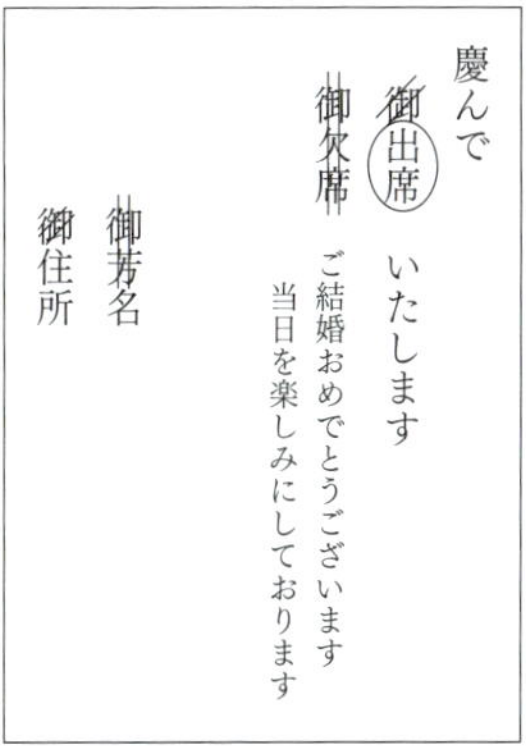

■**出席の返事**

出席を丸で囲み、欠席は二重線で消す。出席の文字の前後に「慶んで」「いたします」と書き足し、お祝いの言葉を添える。なお、自分の住所や氏名などの「御」「御芳」も二重線で消す。

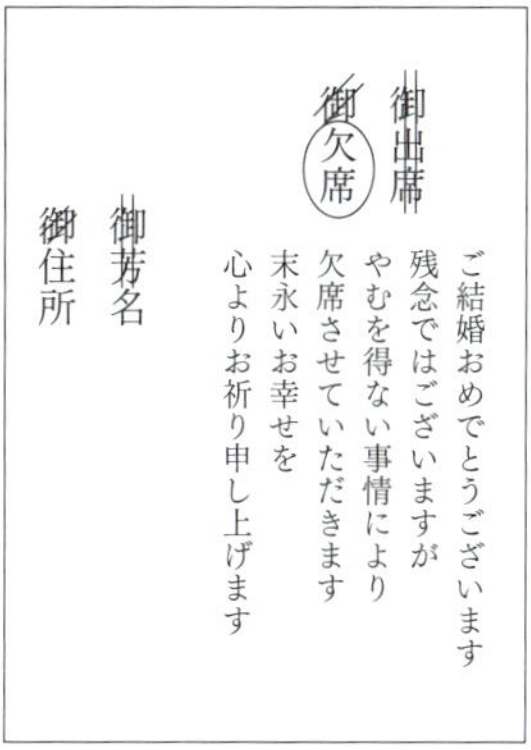

■**欠席の返事**

欠席を丸で囲み、御出席を二重線で消す。「残念ではございますが」など配慮の言葉を添える。「、」や「。」は終わりが連想されるので使わない。

ご祝儀袋の書き方、包み方

お祝いのお金を入れるご祝儀袋は、外側が「上包み（表包み）」、中側が「中包み」に分かれています。

ご祝儀を包む際、上包みの裏の折り返しは、「下側の折り返しが上」になります。

ちなみに香典を入れる不祝儀袋は、その逆で「上側の折り返しが上」となるので、あわせて覚えておきましょう。

上包みの裏側

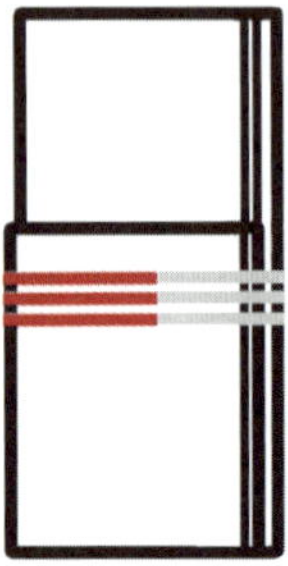

ご祝儀袋は、
下側の折り返しが上

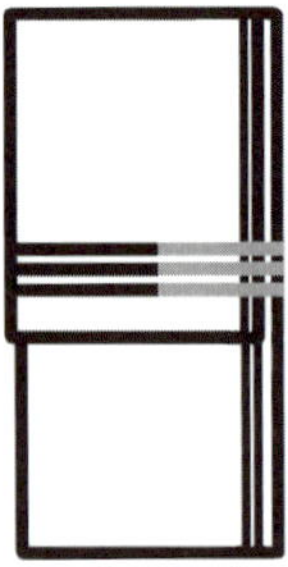

不祝儀袋は、
上側の折り返しが上

ご祝儀の金額

仕事関係であれば、ご祝儀の金額は**「3万円」**が目安です。また、結婚式は慶事ですから、**「新札」が望ましい**でしょう。

欠席する際のご祝儀は、出席した場合の「1／3」から「1／2」程度、1万円を包むのが一般的です。お祝いの言葉とともに直接本人に渡します。

表書きの書き方

濃い墨の筆ペンで、ご祝儀袋の表書きに氏名を書きます。

不祝儀袋では「悲しみの涙で墨が薄くなってしまった」という意味合いで薄墨を使用しますが、ご祝儀袋は濃い墨ではっきりと書きましょう。

金額の書き方

中包みの表に旧漢数字で金額を書き（「一」を「二」などに線を加えて数字を書き換えられない目的）、裏には自分の住所と氏名を書きます。

お札は、紙幣の顔が印刷されている側が上、表側を向くように入れます。

ご祝儀袋の氏名や金額の書き方

【贈り主の氏名の書き方】

■会社名も書く場合

氏名の右上の位置に、氏名よりも小さな文字で書く。

■二、三名の場合

中央に役職が上の人、左に続けて目下の人の氏名を書く。同期ならば、左右均等に五十音順で記入。

■部署で渡す場合

中央に「○○部一同」と書く（四名以上で代表者を立てるときは、代表者の氏名を中央に、左下に小さく「外一同」と書く）。

【中包みの金額の書き方】

表面

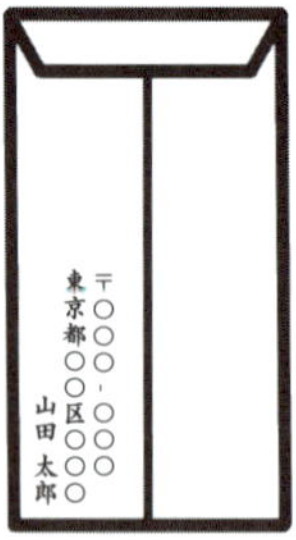

裏面

中包みの表に旧漢数字で金額を書き、裏には自分の住所と氏名を書く。

旧漢数字一覧

一：壱（壹）
二：弐（貳）
三：参（參）
四：肆
五：伍
六：陸
七：漆
八：捌
九：玖
十：拾
百：佰、陌
千：仟、阡

服装もご祝儀も、マナーを重視

男性の服装

男性は、ブラックスーツ、また濃いグレーやネイビーのダークスーツ。ネクタイは白、シルバー、ゴールド、パステル系。シャツは白の無地が基本です。

女性の服装

「白」は花嫁の特権なので避けます。また、写真に写ったときに白く見えるドレスもやめましょう。新婦よりも目立たないよう、肌の露出を控えることも大事です。

ご祝儀袋は、汚れないよう「ふくさ」に包んで持参します。

ふくさは、お祝い事では赤やオレンジなど暖色系のものを選びます。紺やグレーは弔事用になりますので、気をつけましょう。

ふくさがない場合は、無地のハンカチでもOKです。

当日気をつけるべきこと

到着

挙式や披露宴が開催される時間が、招待状に書かれています。仕事関係の方と顔を合わせて挨拶をしたり、荷物を預けたり、化粧室に行ったりしますので、その時間も考え、遅くとも30分前には到着しておくといいでしょう。

受付

受付は、「ご挨拶→ご祝儀をお渡しする→記帳する」の順で行います。

①「本日はおめでとうございます」とお祝いの言葉を伝え、「新婦（新郎）の会社の同僚の〇〇と申します」と名乗る。

②ふくさからご祝儀袋を取り出し、ご祝儀袋をふくさの上に載せたまま渡すのが正式マナー。しかし、ご祝儀袋を直接手に持って渡してもOK。

ご祝儀袋の向きは受付の方から見て正面になるように、両手で「ささやかですがお祝いでございます」などひと言添えながらお渡しする。

③ご祝儀をお渡ししたら、芳名帳に名前と住所を記帳する。お祝いの気持ちを込め丁寧に書くこと。代筆はNG。

記帳の代わりに「ゲストカード」が招待状に入っている場合は、事前に書いておき、受付でお渡しする。

披露宴中

スピーチや余興の際は、一旦食事の手を止めて、周りのペースに合わせることも大切です。背もたれに寄りかかったり、足を組んだりしないようにします。

言葉選び

スピーチなどを頼まれた場合は、次の言葉は遣わないように注意します。

○忌み言葉：おめでたい場ではそぐわない縁起の悪い言葉

例 「切る」「別れる」「終わる」「失う」「壊れる」「冷める」など

○重ね言葉：繰り返すことで再婚を連想させるため、お祝いの席では使わない言葉

例 「重ねて」「いろいろ」「たびたび」「たまたま」「もう一度」など

聞いている人の中には、これらの言葉に敏感な人もいるかもしれません。

言葉はしっかり選んで、話すように心がけましょう。

POINT

お祝いの場だからこそ、
隅々まで行き届いた心配りをしよう

47 突然の弔事の席でも、慌てないために

思いがけず……、急なことも多い

社員の家族や取引先の方の訃報を受ける機会は、突然やってくることが多いです。仕事関係者の訃報の連絡が来たら、まず「そうですか、ご愁傷様です……」とお悔やみの言葉を述べ、必要な情報を確認します。

「ご愁傷様」とは相手の心の傷を憂い、気の毒に思うことを伝える言葉です。

基本的には、すぐ上司に報告し、その後の対応は会社の判断に従います。独断で動くことはやめましょう。


必要な情報とは、故人のお名前、関係者との関係、喪主、葬儀がある場合は、日時・場所、葬儀の形式（宗教）、供花や香典は受け付けているのかなどです。

「ご厚志ご辞退」という言葉があったら、それは香典を含む全てを受け取らないという意味です。

「御供物、御供花辞退」は、お花と供物は辞退するが、香典は受け取るという意味です。細部までしっかり確認して、失礼がないように気をつけます。

参列時に気をつけること

基本的には、通夜のあとに告別式が行われます。

もともと、通夜は近親者で執り行われるものでしたが、昨今はビジネスにおいて告別式よりも通夜に出向く傾向です。

誰がいつ参列するのかは、上司の指示に従いましょう。

1　参列時の服装

服装は、宗教に関わらず「黒」です。ネクタイ、靴下、靴も黒で揃えます。

アクセサリーをつける場合はパールを選びます。二連などは不幸が重なるという意味になるので一連のみです。

急遽、お通夜に参列しなければならない場合は、喪服ほどの正装でなくても構いません。黒、紺、濃いグレーなどの落ち着いた色のスーツやワンピースを選び、派手なものや光るものは避けます。

2 香典袋の書き方、包み方

故人にお供えするお金のことを、仏式の葬儀では「香典」と言います。香典を包む香典袋は、ご祝儀袋と同じく、外側が「上包み（表包み）」、中側が「中包み」に分かれています。

上包みの裏の折り返しは、**P270を参考に****「上側の折り返しが上」にします。**

香典の金額

職場関係の香典の金額目安は、**5千円から1万円。**年齢や関係性に応じます。

新札はご逝去を予想していたと捉えられるので、**適宜に使用したお札**を選びます。

なお、どうしても新札を入れる場合には、折り目をつけてから入れましょう。

表書きの書き方

宗派がわからない場合は、白無地袋に白黒の水引、表書きが「御霊前」のものを選びましょう（四十九日後は「御香典」に変わります）。

「御霊前」としておけば、浄土真宗とプロテスタント以外のほとんどの宗教、宗派に使うことができます。

表書きに文字を書く際は、**薄墨の筆ペン**を使い、悲しみの涙で墨が薄まったことを表します。

金額の書き方

中包みは読めるように、薄墨ではないもので書きます。

ご祝儀では表に金額を書きましたが、香典の場合は、表には何も書きません。

裏に「香典の金額（旧数字）」「あなたの住所と名前」を合わせて書きましょう。

お札は、紙幣の顔が印刷されている側が下、裏側を向くように入れます。

3 受付でのふるまい

受付では、遺族と面識がないことも多いので関係をお伝えしましょう。
「仕事関係でお世話になっております。〇〇社の佐藤と申します」

上司の代理で出席する場合は、記帳は上司の名前を書きます。自身も香典を渡す場合は、自身の名前も書きます。

香典は、表書きに記載した名前が読めるように、向きを変えてお渡しします。

そして、「心からお悔やみ申し上げます」「残念でなりません」など、受付の方にひと言お伝えします。あまり立ち入った話はせず、表情と態度でお気持ちを伝えましょう。

なお、高齢で亡くなられた場合でも「大往生」という言葉は避けます。

キリスト教の場合は、死は終わりではない、という考えからお悔やみの言葉がありません。「お祈りします」のひと言でも十分です。

作法は、その場に応じたものを

焼香は役職が上の人から行います。

焼香の回数ややり方は、宗派や地域によって異なることがありますので、前の方にならいましょう。自分の番が来るまでに、周りの方の作法を見ておきます。

基本的な流れは次の通りです。

①僧侶と遺族に一礼したのち、遺影に向かって一礼
②お香を右手の親指・人差し指・中指でつまみ、目の高さまで上げ、高炉に入れる
③遺影に向かって合掌する。遺族にもう一度一礼し、席に戻る

神式では、玉串奉奠《たまぐしほうてん》を行います。

キリスト教の場合は、焼香ではなく献花を行う場合が多いです。

周りの方の作法を見て、一連のマナーを頭に入れ慌てずに行うことで、あなたのお悔やみの気持ちはきっと届くはずです。

POINT

お葬式のスタイルは宗派や地域によって異なる。周りの方に合わせるのがマナー

それぞれの宗教で行う儀式の手順

仏式の焼香のように、他の宗教や宗派にもそれぞれ行う儀式があります。ここで簡単に手順をおさえておきましょう。

【玉串奉奠（神式）】

①祭壇に進み、ご遺族に一礼
②神職のほうに進み一礼し、両手で玉串を受け取る（右手は根元を上から、左手は枝先の下から）
③玉串案（置く台）まで進み、一礼
④玉串の根本が手前に来るように回転させ、一礼
⑤時計回りに回転させ、根本が祭壇側になるように置く
⑥二礼二拍一礼。このとき柏手は音を立てずに打つ（「しのび手」という）
⑦祭壇を向いたまま数歩下がり、ご遺族に一礼し戻る

【献花（キリスト教）】

①両手で花を受け取る（右手で花を下から支えるように、左手は根元を上から掴む）
②ご遺族に一礼し献花台に進む
③茎が霊前に向くよう時計回りで回転させ、お花を献花台に置く
④黙祷、一礼
⑤前を向いたまま数歩下がる
⑥ご遺族に一礼

【お線香のあげ方（仏式）】

①座布団の手前で僧侶とご遺族に一礼
②お仏壇の正面に座って一礼、合掌
③線香を右手に持ってろうそくの炎に近づけ、火をつける（炎が出たら左手であおぐ、息はかけない）
④煙が出ているのを確認し、香炉に立てる、もしくは寝かせる
⑤合掌
⑥一礼し、座布団からおりて、ご遺族に一礼

おわりに

日々の小さな積み重ねが、あなたの未来を作る

最後までお読みいただきありがとうございます。

本書の執筆中、昔の自分を振り返るような瞬間がたくさんありました。

新人の頃の私は、「マナー」という言葉を聞くと、ちょっと堅苦しく疲れるというイメージを持っていました。

今思うと、マナーの目的を「型にはめて、それを間違いなくすること」だと勘違いしていたのだと思います。

そのため、いつも「間違えないようにしなければ」と緊張していて、肩に力が入っている状態。仕事を楽しむ余裕もありませんでした。

あるとき、取引先の方と電話をしていたときのこと。

その方は、かなり砕けた友達のような話し方をしてくださる方でした。

それなのに私は、「かしこまりました」「左様でございますか」「承知いたしました」

と、丁寧に話すことばかりに気を向けていました。
すると、電話の最後に「三上さん、もしかして私のことバカにしてる？」と言われてしまったのです。

そんなつもりは全くなかったので、頭が真っ白になりました。
その方にとっては、私の過度に丁寧な言葉遣いが機械的な返答に聞こえ、遠い距離を感じさせてしまったのだと思います。

もしかしたら、その方とのコミュニケーションにおいては、「わかりました」「そうなんですね」「そうさせていただきます」など、柔らかい言い方のほうが「適切な距離感」だったのかもしれません。

この出来事で、「相手がどう感じるか」ではなく、「ただ型を間違いなくやること」に意識を向けすぎている自分に気づくことができました。

マナーは、型を行うのが目的ではありません。
相手に思いを寄せること、それこそがマナーです。

ぜひ、「あなたのことを大切にしています」という思いを持って、言葉や行動でその思いを伝えてみてください。

本書でお伝えしてきた数々のエッセンスは、どれも「ちょっとしたこと」です。ちょっとした行動、ちょっとした意識、ほんのひと手間のことばかり。

難しく考えすぎず、できることからやってみることをおすすめします。

例えば、

○誰よりも先に挨拶をする
○無駄な音を立てないように動作を工夫する
○猫背にならないように背筋を伸ばして対応する

最初は、このようなことからスタートしていいと思います。

相手に思いを寄せた言動なら、きっと相手にもマナーとして伝わるはずです。

初めから全てパーフェクトにやろうとせず、一つひとつ、一歩一歩、マナーの習慣を増やしていくイメージでやってみましょう。

そんな「スモールステップ」が、いつかあなたを仕事のプロフェッショナルへと導いてくれるはずです。

その積み重ねは、仕事のみならず、よい人間関係、さらにはよい人生のスパイラルに必ずつながっていきます。

みなさんの素敵な未来を、心から願っています。

三上ナナエ

誰もここまで教えてくれない
一生使《いっしょうつか》える「敬語《けいご》&ビジネスマナー」

2025年 4 月30日　　初版発行

著　者……三上《みかみ》ナナエ
発行者……塚田太郎
発行所……株式会社大和出版
東京都文京区音羽1-26-11　〒112-0013
電話　営業部03-5978-8121／編集部03-5978-8131
https://daiwashuppan.com
印刷所……信毎書籍印刷株式会社
製本所……株式会社積信堂
装幀者……三森健太（JUNGLE）
装画者……SHIMA

ISBN978-4-8047-1918-4